Ur et Uruk : Histoire et Héritage des Deux Plus Grandes Cités de La Civilisation Sumérienne

Par Charles River Editors

Photographie de Marcus Cyron d'une partie de la façade du temple d'Inanna de Kara Indasch à Uruk

Introduction

Photographie datant de 2008 d'une partie d'Uruk

Uruk

« Un fleuve sortait d'Éden pour irriguer le jardin ; puis il se divisait en quatre bras. Le premier s'appelle le Pishon... Le deuxième fleuve s'appelle le Guihon... Et le troisième fleuve s'appelle le Tigre : c'est celui qui va vers l'est de l'Assyrie… Le quatrième fleuve est l'Euphrate. Et le Seigneur prit l'homme et le conduisit dans le jardin d'Éden pour qu'il le travaille et le garde. » - Genèse 2 : 10-15

Au sud de l'Irak, un silence assourdissant règne sur les dunes. Depuis près de 5 000 ans, les sables du désert irakien abritent les vestiges de la plus ancienne civilisation connue : les Sumériens. Lorsque les archéologues américains ont découvert une collection de tablettes cunéiformes en Irak à la fin du XIXe siècle, ils ont été confrontés à une langue et à un peuple qui, à l'époque, étaient à peine connus, même par les plus grands spécialistes de la Mésopotamie antique. Les exploits et les réalisations d'autres peuples mésopotamiens, tels que les Assyriens et les Babyloniens, étaient déjà familiers pour une grande partie de la population grâce à l'Ancien Testament et à la discipline naissante des études sur le Proche-Orient, qui avaient permis de résoudre l'énigme de la langue akkadienne largement utilisée dans les temps antiques à travers toute la région. Mais la découverte des tablettes sumériennes a mis en lumière l'existence de la culture sumérienne, qui était la plus ancienne de toutes les cultures mésopotamiennes.

Bien que les Sumériens occupent toujours la deuxième ou même la troisième place derrière les Babyloniens et les Assyriens, peut-être parce qu'ils n'ont jamais fondé un empire aussi grand que les Assyriens ou établi une ville aussi puissante et stable que Babylone, ce sont eux qui ont offert le modèle civilisationnel qui a été adopté par tous les Mésopotamiens suivants. En effet, on attribue aux Sumériens le mérite d'avoir été les premiers à inventer l'écriture, la bibliothèque, les cités et les écoles en Mésopotamie (Ziskind 1972, 34), et beaucoup affirment qu'ils ont été les premiers à le faire dans le monde entier.

Il est regrettable que les réalisations et les contributions d'un peuple aussi extraordinaire, non seulement à la civilisation mésopotamienne, mais aussi à la civilisation en général, soient méconnues du grand public. Les Sumériens ont peut-être été victimes de leur propre succès ; ils sont entrés progressivement dans l'histoire, ont créé une civilisation raffinée, puis se sont lentement fondus dans le patchwork culturel environnant. Ils n'ont pas non plus connu d'effondrement soudain et brutal semblable à celui d'autres peuples de l'ancien Proche-Orient, comme les Hittites, les Assyriens et les Néo-Babyloniens. Un examen approfondi de la culture et de la chronologie sumérienne révèle que les Sumériens ont donné le ton sur le plan culturel en Mésopotamie pendant plusieurs siècles dans le domaine de la politique/gouvernement, des arts, de la littérature et de la religion. Les Sumériens étaient vraiment un très grand peuple dont l'héritage s'est prolongé bien après leur disparition.

Aujourd'hui encore, le monde doit énormément aux Sumériens. Lorsque l'Europe occidentale était encore à l'âge de pierre, ce sont les Sumériens qui ont inventé l'écriture et la roue, divisé le temps en minutes et secondes, apprivoisé la nature et construit des villes gigantesques. Ils ont embrassé la culture et les arts, et leurs caravanes ont traversé le désert, ouvrant ainsi les premières routes commerciales. Leurs mythes et leurs légendes ont inspiré de nombreux récits originels et leur mémoire est toujours vivante dans l'Ancien Testament. Ils ont écrit l'histoire de la naissance de l'humanité. L'héritage de la civilisation sumérienne et de leurs descendants est présent partout autour de nous.

Aucun site ne représente mieux l'importance des Sumériens que la cité d'Uruk. Entre le quatrième et le troisième millénaire avant notre ère, Uruk était l'une des nombreuses cités-États de la région de Sumer, située à l'extrémité sud du Croissant fertile, entre les deux grands fleuves du Tigre et de l'Euphrate. Découvert à la fin du XIXe siècle par l'archéologue britannique William Loftus, c'est ce site qui a révélé une grande partie des connaissances actuelles sur les Sumériens, Akkadiens et Néo-Sumériens.

Bien qu'Uruk ne soit pas la seule ville que les Sumériens ont construite pendant la période urukéenne, elle était de loin la plus grande, mais aussi la principale source d'éléments archéologiques et de documents écrits relatifs à la culture sumérienne primitive (Kuhrt 2010, 1:23). De première grande cité du monde, Uruk est rapidement devenue le centre politique et culturel le plus important de l'ancien Proche-Orient. Vers 3200 avant notre ère, la culture sumérienne d'Uruk a commencé à s'étendre au-delà des frontières de Sumer, coïncidant avec l'émergence de l'écriture (Kuhrt 2010, 1:23). La forme d'écriture que les Sumériens ont développée est connue sous son nom grec, « cunéiforme », pour les caractères de style cunéiforme qu'elle emploie (van de Mieroop 2007, 28). L'écriture, comme beaucoup d'autres inventions de l'histoire du monde, semble avoir été créée par nécessité ; au fur et à mesure que la culture d'Uruk se développait, les Sumériens ont eu besoin de concevoir une forme sophistiquée de conservation des documents, ce qui ne pouvait se faire que par l'écriture (van de Mieroop 2007, 28). Bien qu'il ait été utilisé exclusivement pour la langue sumérienne au début, le système d'écriture cunéiforme a été adopté plus tard par un certain nombre de langues différentes dans l'ancien Proche-Orient, telles que l'akkadien, le hittite et le persan ancien (Dalby 1986, 475).

Ur

Photographie de soldats marchant au milieu des ruines d'Ur

Bien avant qu'Alexandrie ne soit fondée et avant même que Memphis et Babylone n'aient atteint leur apogée, l'antique cité mésopotamienne d'Ur était la principale ville de l'ancien Proche-Orient. Aujourd'hui, le rayonnement et l'influence culturelle d'Ur ont été quasiment oubliés par la majorité des gens, en partie parce que ses monuments n'ont pas résisté à l'épreuve du temps contrairement à ceux d'autres cultures antiques. Par exemple, les monuments égyptiens étaient en pierre, tandis que ceux d'Ur et de la plupart des autres cités mésopotamiennes étaient en Adobe. Comme nous le verrons dans ce livre, la brique en terre est peut-être un matériau plus facile à travailler que la pierre, mais elle se dégrade aussi beaucoup plus rapidement. Il en va de même, dans une certaine mesure, pour les documents écrits qui ont été produits à Ur.

Malgré le caractère éphémère de ses monuments et, dans une certaine mesure, de ses textes écrits, Ur s'est révélée être une source d'inspiration pour les Sumériens qui ont construit la ville, ainsi que pour les cultures et les dynasties qui ont par la suite habité la Mésopotamie. Si on examine les documents originaux concernant Ur, ainsi que les fouilles archéologiques effectuées dans la vieille ville, on constate que la cité a été un pôle culturel pendant des milliers d'années. Bien qu'à ses débuts, Ur était une ville d'importance moyenne, elle est rapidement devenue la principale cité sumérienne.

À son apogée, Ur était la capitale d'une grande dynastie qui contrôlait la majeure partie de la Mésopotamie par le biais d'une armée régulière et d'une bureaucratie bien organisées. Les régions qui n'étaient pas sous son contrôle direct étaient influencées par les diplomates et les idées religieuses d'Ur. Ur a aussi été une ville très résistante, car elle a survécu à la chute des Sumériens, à la destruction totale infligée par les Élamites et, plus tard, à l'occupation par de nombreux autres peuples, y compris Saddam Hussein dernièrement. Ur a nourri l'imagination des peuples anciens, mais elle a également séduit le monde moderne, qui a œuvré plus de 150 ans pour percer les mystères de la ville. En fait, lorsqu'il s'agit de grandes cités antiques, Ur doit être considérée comme l'une des plus prestigieuses.

Ur et Uruk : Histoire et Héritage des Deux plus Grands Cités de La Civilisation Sumérienne retrace l'histoire et l'héritage de deux villes parmi les plus influentes de l'antiquité. À travers les photographies de personnalités, de lieux et d'événements importants, découvrez l'histoire d'Uruk et d'Ur comme jamais encore auparavant, en un rien de temps.

Uruk

L'Origine Sumérienne d'Uruk

Le climat hostile du sud de l'Irak n'a pas changé depuis des milliers d'années et pourtant des hommes et des femmes ont vécu ici autrefois. Entre la Méditerranée et le golfe Persique se trouve la région que l'historien grec Polybe a appelée Mésopotamie, « le pays entre deux fleuves ». Il s'agit de la bande de terre située entre le Tigre, à l'est, et l'Euphrate, à l'ouest.[1]

Le Tigre et l'Euphrate prennent leur source dans les montagnes d'Arménie, alimentés par la fonte des neiges des hauts plateaux. Les rivières dévalent les pentes des montagnes, apportant avec elles des tonnes de limon dans leur course. Dans les temps anciens, le Tigre et l'Euphrate traversaient une grande partie de la Mésopotamie en ne formant qu'un seul fleuve, et se séparaient ensuite en aval de Nippur. Ils couraient en parallèle sur plus de deux mille kilomètres avant de fusionner pour former la voie fluviale de Chott al-Arab. Les deux fleuves deviennent plus calmes à ce niveau, lorsqu'ils traversent les vastes plaines désertiques du sud. Là, ils déposent un terreau fertile sur leurs rives, jusqu'au golfe Persique. De chaque côté du Chott al-Arab, des terres agricoles ont prospéré.[2]

L'eau n'était pas seulement importante pour l'agriculture et la consommation, elle était également indispensable pour assurer un transport rapide à travers la région, facilitant ainsi le commerce et les communications. Le Tigre est un fleuve au débit rapide, qui traverse les hauteurs syriennes avant de se jeter dans plusieurs canaux des plaines mésopotamiennes. Ce fleuve a toujours été très difficile à traverser, et il n'y avait que très peu d'endroits au nord de l'actuelle Mossoul où il était possible de le traverser à gué en toute sécurité. L'Euphrate quant à lui a des rives beaucoup plus basses, et pouvait être utilisé par les bateaux. Les plaines inondables de chaque côté du fleuve étaient propices à l'irrigation.

Dans une région comme la Mésopotamie, qui disposait de terres pour l'agriculture, mais qui manquait cruellement de nombreuses autres ressources vitales telles que le bois, la pierre et les minerais riches en métaux, ces réseaux fluviaux sont devenus le moyen d'échange privilégié entre sphères économiques complémentaires. Mais les cours d'eau pouvaient être aussi de terribles adversaires. Chaque année, les inondations printanières balayaient tout sur leur passage, ce qui a amené beaucoup de personnes à se demander pourquoi des gens voulaient s'installer dans une contrée si exposée aux aléas de la nature.

Toute étude de la Mésopotamie antique doit prendre en compte le fait que les communautés qui y vivaient étaient intimement liées à l'environnement et au territoire auxquels elles appartenaient. Il existe quatre grandes zones écologiques dans l'ancien Proche-Orient.[3] Tout d'abord, il y a les chaînes de hautes montagnes qui bordent la Mésopotamie antique, comme la très vieille et inquiétante chaîne de montagnes du Zagros. Les plus hautes culminent entre trois et cinq mille mètres au-dessus du niveau de la mer, plusieurs d'entre elles atteignant plus de trois mille mètres d'altitude, la plus haute étant Zard Kuh, qui avoisine les quatre mille cinq cent mètres. La plupart étaient densément boisées à l'époque sumérienne, avec des hivers froids et humides et des étés chauds. Bien que la chaîne de montagnes du Zagros sépare les

[1] Polybe (2012) *Polybe: Histoires*. Chicago : Université de Chicago
[2] Wilkinson, T. J. (2000) "Regional approaches to Mesopotamian archaeology: the contribution of archaeological surveys." *Journal of Archaeological Research*, 8:3. 219–267. .
[3] Bahrani, Z. (1998) "Conjuring Mesopotamia: Imaginative Geography a World Past." in Meskell, L. Archaeology *under Fire: Nationalism, Politics and Heritage in the Eastern Mediterranean and Middle East*. London: Routledge. 159–174

terres de Mésopotamie de celles situées plus à l'est, ces imposants reliefs ne représentaient pas des frontières strictes, mais plutôt des zones d'intégration et de cloisonnement.[4] À l'extrême nord, à la frontière des chaînes montagneuses de la Cappadoce et du Caucase, se trouve une région bien arrosée et fertile qui était la contrée de l'ancienne Assyrie, dont la capitale était Assur. Et dans la région orientale des montagnes du Zagros se trouve l'antique région d'Élam, dont le territoire est connu aujourd'hui sous le nom de Khouzistan.

Ensuite, il y a une zone de contreforts et de prairies, avec des étés chauds et secs et des hivers tempérés, comme les zones autour de la Méditerranée orientale ; l'Anatolie et la plaine de la Bekaa à l'est du Liban. Le climat et le sol de ces régions ont historiquement permis la culture des céréales, et c'est là que l'irrigation a eu lieu le plus tôt. La troisième est la zone des steppes, avec des hivers doux et secs et des étés chauds et secs. Ces vastes prairies, dépourvues d'arbres, s'étendent à travers l'Eurasie, du plateau anatolien, dans l'actuelle Turquie, jusqu'à l'ouest de la Chine. Un bel exemple de cette écozone se trouve dans la région située à l'ouest de l'Euphrate. Enfin, il y a les zones désertiques, avec des étés très chauds et des hivers doux, que l'on trouve dans toute la Mésopotamie antique. À l'ouest et au sud-ouest de la Mésopotamie, se trouve le grand désert d'Arabie, qui sépare le Croissant fertile de la péninsule arabique.[5]

Sumer est située au centre et au sud de la Mésopotamie, où l'Euphrate et le Tigre se rejoignent. Ici, les basses collines et les plaines fertiles de la Mésopotamie centrale sont prolongées vers le sud par un vaste paysage marécageux, constitué de joncs et d'innombrables cours d'eau et ruisseaux, où l'Euphrate et le Tigre se jettent dans un delta qui s'ouvre sur le Golfe Persique. Seules des barques peuvent atteindre le cœur de ce labyrinthe de hauts roseaux.[6] Voici le pays de Sumer, où se trouvaient les premières cités de Mésopotamie.

---

[4] Bahrani, 1998

[5] Bahrani, 1998

[6] Foster, B. R., and Polinger Foster, K. (2009) *Civilizations of Ancient Iraq.* Princeton: Princeton University Press. .

SUMER, AKKAD AND ELAM

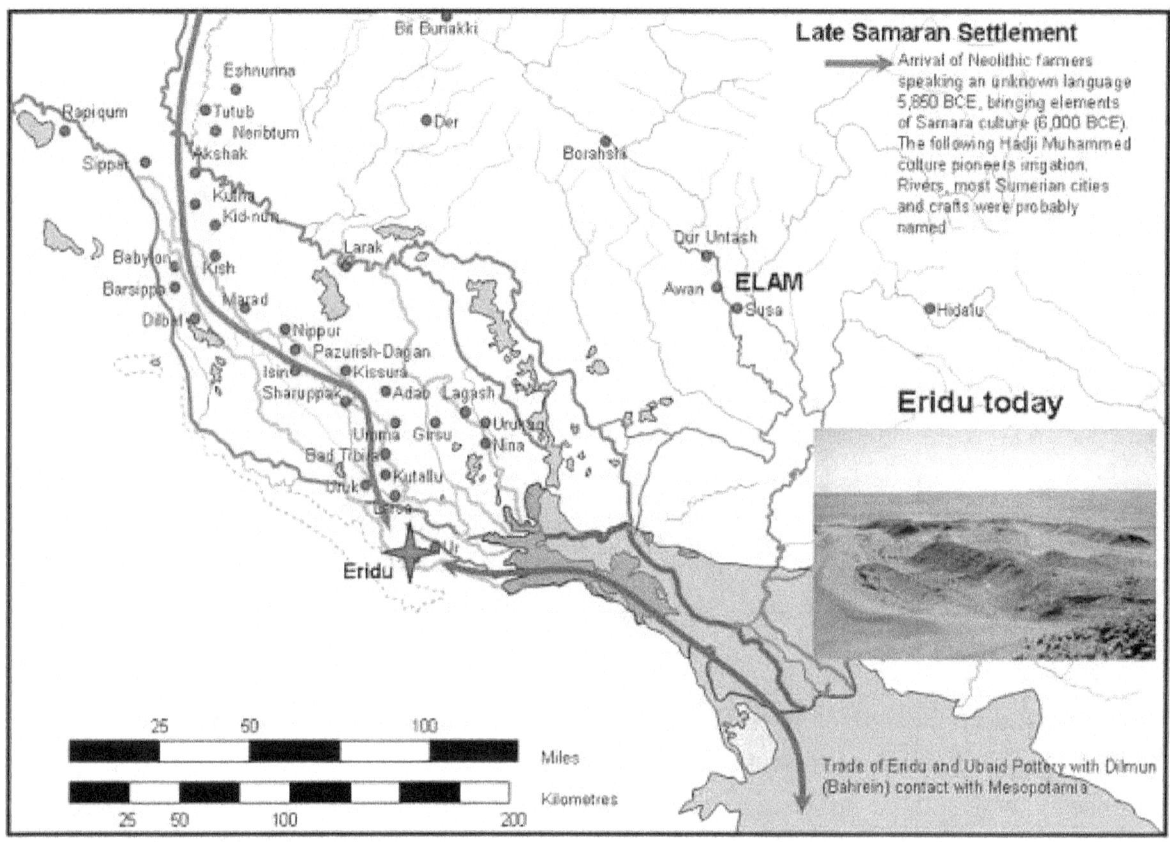

Une carte de la région aux premiers temps de la civilisation sumérienne

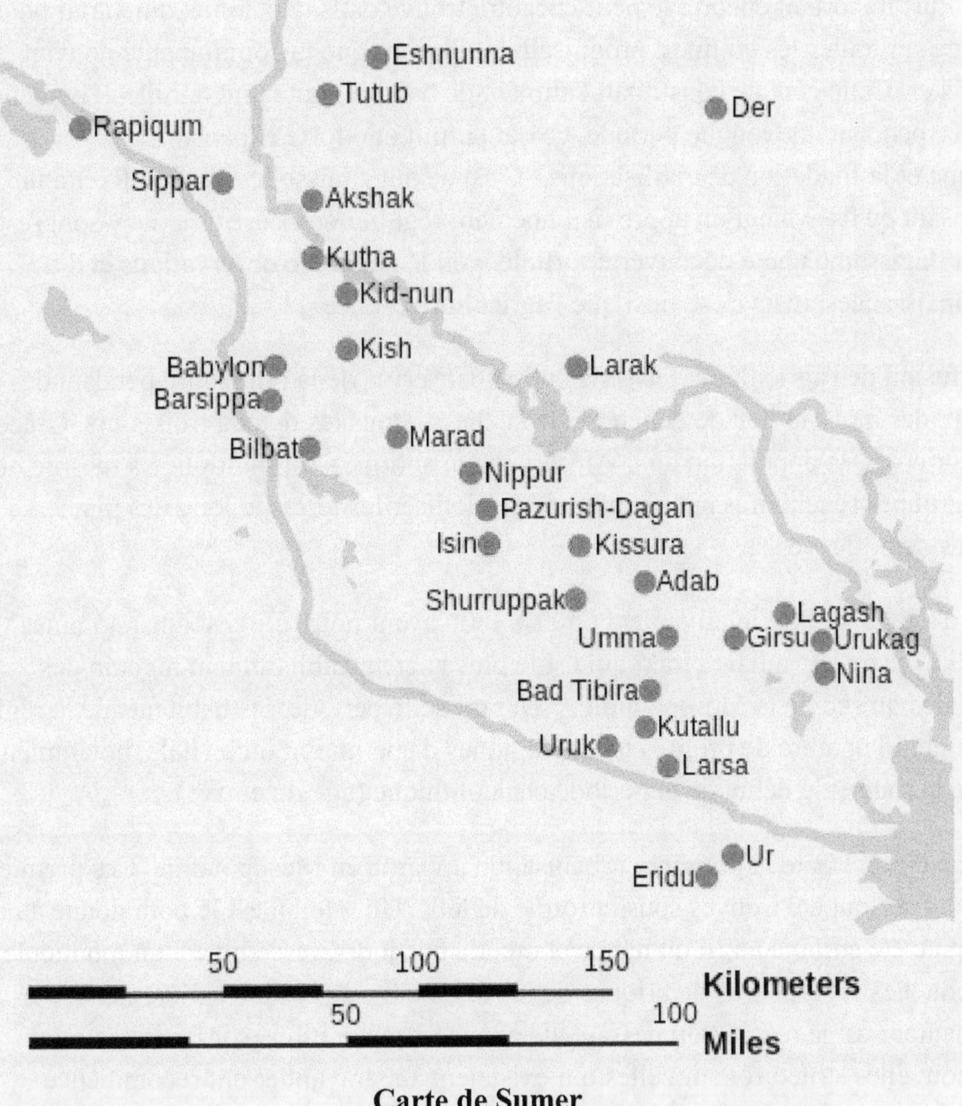

Carte de Sumer

Le climat a été un facteur majeur des grands bouleversements socio-politiques qui ont eu lieu dans la région depuis l'essor jusqu'au déclin d'Uruk. Les écozones variées de la Mésopotamie ont donné lieu à une importante diversité de la flore et de la faune, ce qui a permis le développement de l'agriculture et de l'élevage et de multiplier les ressources pour le commerce. Des archéologues basés en Anatolie ont résolu une partie de l'énigme concernant l'origine des Sumériens et la raison pour laquelle ils ont décidé de s'installer sur les plaines inondables des deux fleuves. Depuis des temps immémoriaux, des populations ont vécu au carrefour de grandes routes migratoires sur les plateaux fertiles d'Anatolie, à plusieurs milliers de kilomètres de la Mésopotamie et beaucoup des fruits et légumes de cette région faisaient l'objet d'un commerce depuis des milliers d'années. En 1958, des archéologues ont découvert les ruines du village de Çayönü, en Turquie, vieilles de neuf mille ans.[7] Trois mille cinq cents ans avant Sumer, des hommes étaient déjà installés sur cette terre fertile. C'était une société acéramique, mais ils construisaient des bâtiments en Adobe sur des fondations en

---

[7] Braidwood, R. J., Çambel, H., Redman, C. L., and Watson, P. J. (1972) "Beginnings of Village-Farming Communities in Southeastern Turkey." *Proceedings of the National Academy of Sciences*, 68:6. 1236 - 1240.

pierre sèche. Plus important encore, le petit épeautre trouvé dans la colonie, qui aurait poussé à l'état sauvage sur toutes les collines, produisait des graines que la communauté pouvait planter et stocker. Cette céréale constituait l'aliment de base de toute une famille et pouvait être entreposée pendant une longue période, ce qui permit une forte expansion démographique et la fondation de civilisations.[8] C'est ce qui a laissé les gens se fixer à un endroit - réalisant qu'ils avaient un approvisionnement régulier en nourriture, ils y sont restés. On ignore s'il s'agissait d'une « découverte fortuite » ou le résultat d'observations et d'un cumul de connaissances, mais c'est ainsi que l'agriculture est née.[9]

Avec la diffusion de l'agriculture, les gens ont pu conserver de la nourriture pendant des semaines voire des mois au lieu de dépendre de la chasse, tous les deux à trois jours. Grâce à ces progrès agricoles, la population de la Mésopotamie antique s'est multipliée à mesure que les premiers groupes sédentaires ont commencé à coloniser les terres le long des plaines inondables des deux fleuves.

La période d'Obeïd (approximativement 6500 à 3800 avant notre ère) est ainsi nommée d'après le Tell d'Obeïd, au sud de l'Irak, qui est le plus ancien établissement humain des plaines alluviales du sud de la Mésopotamie.[10] Durant cette période, les habitants de la région ont réalisé un grand nombre de progrès technologiques d'une importance vitale, notamment la découverte de la roue et le début de la période chalcolithique (âge du cuivre).[11]

De plus, Obeïd représente la première urbanisation apparue en Mésopotamie. Ces premiers sites urbains ont surtout été trouvés sous la forme de tells. Un « tell » est le nom donné à une cité antique qui a été enfouie au fil du temps et qui, de nos jours, ressemble à un monticule composé de couches superposées de briques de terre. Le tell est presque entièrement artificiel, sa hauteur est le résultat du passage de plusieurs générations sur le site, qui ont construit de nouvelles structures sur celles qui existaient auparavant et ont recommencé lorsque les bâtiments en argile se détérioraient. Il en résulte des sites d'une immense richesse historique, représentés par une stratigraphie complexe qui doit être soigneusement fouillée et analysée par les archéologues pour créer la chronologie des lieux.

Les Sumériens sont devenus le groupe culturel dominant au cours de cette période. Les cultures irriguées leur procuraient un approvisionnement régulier et, en creusant des fossés pour détourner les eaux du Tigre et de l'Euphrate vers les terres arides, ils ont transformé le désert du sud de la Mésopotamie en un delta fertile. Leur population s'est rapidement multipliée, ce qui a entraîné une abondance en nourriture. Sumer était divisé en plusieurs cités-États d'environ deux cent mille habitants chacune. Chaque cité-État était organisée autour du culte d'une divinité, dont la demeure était le temple.[12] Des ziggourats et d'autres structures monumentales ont été construites sur ces sites, qui étaient protégés par de hautes

---

[8] Hopf, M., and Zohary, D. (2000) *Domestication of Plants in the Old World: The Origin and Spread of Cultivated Plants in West Asia, Europe, and the Nile Valley.* Oxford: Oxford University Press
[9] Hopf and Zohary, 2000. .
[10] Delougaz, P. (1938) "A Short Investigation of the Temple at Al-'Ubaid". *Iraq*, 5. 1 – 11
[11] Bogucki, P. (1990) *The Origins of Human Society.* Malden: Blackwell
[12] Lloyd, S. (1978) *The Archaeology of Mesopotamia: From the Old Stone Age to the Persian Conquest.* London: Thames and Hudson. .

murailles fortifiées.

Les Sumériens ont inventé un grand nombre de choses, mais aucune n'a été aussi cruciale que la roue, qu'ils ont utilisée pour le transport, l'agriculture et la production de céramiques spécialisées. Ils ont été parmi les premiers à utiliser l'écriture, d'abord à travers des pictogrammes et par la suite avec l'écriture cunéiforme.

L'un des sites les plus importants du sud de la Mésopotamie à cette époque était Ur, une immense ville située près de l'ancien littoral du golfe Persique. Bâtie sur la rive est de l'Euphrate, Ur était entourée de quatre mille hectares de champs de céréales. Plus de quarante mille personnes - principalement des pêcheurs et des agriculteurs - vivaient dans les marécages entourant la ville portuaire d'Ur, et la ville elle-même comptait une population atteignant les trente-quatre mille habitants.[13] La cité était entourée de tous côtés par un canal menant à l'Euphrate, avec des ports à l'ouest et au nord. Comme beaucoup de villes en Mésopotamie, Ur était entourée d'un mur de briques de terre et dominée par le palais et une grande ziggourat consacrée au dieu principal de la cité, Nanna, le dieu de la lune. Faite de briques d'argiles et recouverte de goudron, la ziggourat d'Ur a été construite pour durer. On estime qu'il a fallu cinq ans et mille cinq cents ouvriers pour construire seulement sa base. [14] La haute structure dominait le paysage, et les paysans, jusqu'à vingt kilomètres de distance, pouvaient voir la demeure de leur dieu.[15]

---

[13] Leick, G. (2001) *Mesopotamia: The invention of the city*. London: Allen Lane
[14] Woolley, C. L. and Moorey, P. R. S. (1982) *Ur of the Chaldees: Revised and Updated Edition of Sir Leonard Woolley's Excavations at Ur*. Cornell: Cornell University Press
[15] Leick, 2001

Photographie des ruines d'Ur par M. Lubinski

En Mésopotamie, région au sein de laquelle se trouvait Ur, la population utilisait le système d'écriture cunéiforme. Malheureusement, comme le cunéiforme était presque toujours gravé sur des tablettes d'argile, beaucoup de ces tablettes se sont brisées ou étaient illisibles, ce qui compliqua le travail des chercheurs.

Le Nord de la Mésopotamie a également développé une culture locale à la fin de la période d'Obeïd, connue sous le nom de culture Gawra, représentée par le site archéologique de Tepe Gawra. Au début du XXe siècle, des archéologues y ont découvert une maison circulaire abritant des greniers à grains et des gourdins en pierre piriformes finement sculptés. Une minuscule tête de loup particulièrement remarquable, fabriquée à base d'électrum (un alliage d'or et d'argent), a également été trouvée sur ce site, ce qui témoigne d'un savoir-faire artisanal bien développé à cette époque.[16] Il existe également des témoignages de l'existence de vastes réseaux commerciaux qui reliaient Tepe Gawra à d'autres cités-États autour de la Mésopotamie et de l'Eurasie, comme les perles de lapis-lazuli qui ont été trouvées sur ce site. En effet, le précieux minerai n'est disponible que dans la province de Badakhchân, au nord de l'Afghanistan, à plus de deux mille kilomètres de distance.[17]

---

[16] Rothman, M. S. (2001) *Tepe Gawra: The Evolution of a Small, Prehistoric Center in Northern Iraq.* Pennsylvania: University Museum Publications. . .
[17] Herrmann, G. (1966) "Lapis Lazuli: The Early Phases of Its Trade." *Oxford University Dissertations*

Récits Originels Contemporains

   La chronologie précédente a été révélée par une étude minutieuse menée par des archéologues et des chercheurs sur des vestiges matériels et des documents écrits. En effet, la liste des rois sumériens de cette période offre le cadre nécessaire à l'étude de la chronologie mésopotamienne. Elle énumère les anciens rois de Sumer, la durée de leur règne et le siège de la royauté « officielle ». Mais elle donne également une perspective inestimable quant à la compréhension contemporaine de leur chronologie.[18] Les archives écrites de la Mésopotamie nous offrent aussi un aperçu du regard porté par les contemporains sur leur histoire. Un grand nombre de ces documents ont été retrouvé dans la bibliothèque de Ninive (Irak), et George Smith, un Londonien du XIXe siècle, qui a étudié le sumérien et travaillé au British Museum, a déchiffré de nombreux cylindres et tablettes cunéiformes et a révélé beaucoup de secrets sur les mythes et légendes sumériens.

Smith

---

[18] Young, D. W. (1991) "The Incredible Regnal Spans of Kish I in the Sumerian King List." *Journal of Near Eastern Studies*, 50: 1. 23 – 35

C'est Smith qui a découvert et traduit pour la première fois *L'Épopée de Gilgamesh*, l'une des plus anciennes œuvres écrites de la littérature. De nombreux aspects de la civilisation eurasienne, et du christianisme en particulier, sont imprégnés des mythes de l'ancien-monde mésopotamien.[19]

Selon les textes cunéiformes, de puissants dieux ont sillonné la terre avant le Déluge. Lassés par leur labeur et fatigués, les dieux ont alors créé les Hommes pour en faire leurs serviteurs et leurs esclaves.[20] Très vite, les dieux se sont unis aux humains et leurs enfants sont devenus des demi-dieux qui ont régné sur le monde durant d'immenses périodes en qualité de dieux-rois. Certains de ces rois, décrits dans la liste des rois sumériens, ont régné ainsi pendant plus de soixante-quatre mille ans.[21]

Après un certain temps, les hommes sont devenus plus nombreux et gênants. Les dieux se sont alors réunis dans leur cité de Shuruppak - un site également connu sous le nom de Tell Fara sur les rives de l'Euphrate - où le dieu suprême Enlil a décidé que l'humanité devait être anéantie par un grand déluge.[22] Un des dieux appelé Enki, désigné aussi sous le nom d'Ea, a imploré Enlil en faveur des humains, mais en vain. Il décida alors de protéger l'humanité en avertissant un homme, Ziusudra, de l'imminente catastrophe. Ziusudra bâtit une arche, remplit ses cales de métaux précieux, de graines de céréales et d'animaux. Il réussit à faire monter sa famille à bord avant que le dieu du tonnerre, Adad, ne provoque le déluge sur la Terre. Durant six jours et six nuits de tempête, le monde a été submergé, puis le septième jour, la tempête s'est calmée.

---

[19] Foster and Polinger, 2009

[20] D'autres légendes contemporaines décrivent une race extrêmement ancienne originaire de la planète Nibiru, connue sous le nom d'Anunnaki (les « Sept juges » ou « Ceux qui sont venus du Ciel à la Terre »). Cette race se serait reproduite avec des singes de la Terre pour créer les humains.

[21] Young, 1991

[22] Ristvet, L. (2014) *Ritual, Performance, and Politics in the Ancient Near East*. Cambridge: Cambridge University Press.

Le fragment de l'épopée décrivant le déluge

Photographie d'Osama Shukir Muhammed Amin d'un autre fragment de tablette de l'épopée.

Après le déluge, les dieux ont réalisé que leur action était irréfléchie, car c'était grâce au travail et au culte que les humains leur rendait qu'ils pouvaient vivre nonchalamment. Le septième jour, Ziusudra lâcha une colombe qui, ne trouvant pas de lieu où se poser, lui revint. Le huitième jour, il libéra un corbeau qui ne revint jamais. Cela signifiait que l'oiseau avait trouvé la terre ferme et que l'humanité était sauvée. Les dieux furent ravis de constater que Ziusudra avait survécu à l'inondation et ils en firent un demi-dieu immortel. Les enfants de Ziusudra revinrent à Sumer et, avec le temps, ils recommencèrent à se reproduire et à se multiplier.[23]

---

[23] Ristvet, 2014

Cependant, peu de choses avaient changé dans les mœurs anarchiques des gens, jusqu'à ce qu'un mythique sage connu sous le nom d'Adapa vienne à Sumer et leur enseigne les arts, les sciences, l'écriture et d'autres aspects de la civilisation. Les humains ont alors appris à construire des villes, des temples et d'autres structures monumentales, à compiler et à appliquer les lois, et à maîtriser les sciences, la géométrie et les mathématiques. C'est à cette époque qu'Eridu, la première ville du dieu Enki, a été fondée sous la direction d'Adapa, qui est devenu le premier prêtre-roi de la cité.[24]

Peu après, Adapa regagna la mer, mais six autres sages comme lui apparurent et vécurent à Eridu, enseignant aux apprentis humains la sagesse et la science qui avaient été perdues dans le déluge.[25] Après Eridu, plusieurs autres cités-États ont été fondées en terre de Sumer, comme Kish, Larsa, Nippur, Sippar, Ur et Uruk.

Les Bases d'Une Cité Primitive

Des études régionales approfondies menées par des archéologues dans les années 1960 ont révélé que la plus grande ville de Mésopotamie, remontant au quatrième et troisième millénaire avant notre ère, était Uruk, sur un site situé à environ 100 kilomètres au nord-ouest d'Ur. Uruk a été occupée pendant plus de cinq mille ans (depuis les débuts de la période d'Obeïd jusqu'au troisième siècle de notre ère), et au troisième millénaire avant J.-C., cette cité s'était étendue sur une superficie d'environ quatre mille hectares.[26]

Les archéologues définissent la « cité » dans le contexte de la Mésopotamie antique comme un espace urbanisé. En comparant avec les États modernes, on peut dire qu'une ancienne ville prospère mésopotamienne présentait les caractéristiques suivantes[27] : elle montre l'existence d'une société stratifiée et hiérarchisée, avec une autorité centrale qui dépend à la fois de l'accumulation de ressources par sa population et de l'élimination de ses rivaux. Un vaste arrière-pays est nécessaire pour approvisionner la population urbaine en nourriture et des circuits commerciaux sont mis en place pour se procurer les ressources non disponibles localement. On y trouve des traces de savoir-faire spécialisé, et souvent standardisé, ainsi que des témoignages monumentaux de planification centralisée et de travaux collectifs (consentis). L'antique et magnifique cité d'Uruk présente toutes ces caractéristiques.

Comme d'autres cités-États mésopotamiennes, Uruk était composée de la ville en elle-même et d'un vaste arrière-pays qui l'entourait de tous côtés. Celui-ci comprenait les terres arables desservies par des canaux et des systèmes d'irrigation, ainsi qu'un certain nombre de villes satellites et de petites agglomérations. La vie dans la région dépendait de l'agriculture irriguée. Contrairement aux zones où les cultures pouvaient croître sans assistance, à Uruk, avec moins de trois cents millimètres de précipitations annuelles en moyenne, l'agriculture ne pouvait être pratiquée qu'en gérant soigneusement l'irrigation des terres selon une méthode connue sous le nom de « sharouf », qui est encore utilisée aujourd'hui. Le Tigre et l'Euphrate

---

[24] Young, 1991

[25] Green, M. W. (1975) *Eridu in Sumerian Literature.* Chicago: University of Chicago

[26] Rothman, M. S. (2001b) *Uruk, Mesopotamia & Its Neighbors.* Santa Fe: School of American Research Press.

[27] Leick, 2001

étaient tous deux sujets à de violentes et imprévisibles inondations qui débordaient leurs rives. Le cycle des inondations et des pluies, les plantations et les récoltes offraient alors le cadre qui régissait la vie d'un agriculteur à Uruk.

L'émergence de la construction de monuments cérémoniels dans le sud de la Mésopotamie est considérée comme l'impulsion qui a déclenché le développement urbain (Kuhrt 2010, 1:25). On pense que les temples étaient la demeure de la divinité protectrice de la ville, si bien que les offrandes étaient souvent reçues et distribuées dans le complexe du temple (van de Mieroop 2007, 24). Vers la fin de la période d'Uruk, les temples étaient de loin les plus grands édifices de toute la cité et étaient construits à grands frais en termes de matériaux et de main-d'œuvre (van de Mieroop 2007, 24). À mesure que la taille et l'importance des temples ont augmenté à Sumer, pendant la période d'Uruk, les techniques de construction et l'architecture ont également évolué en parallèle.

Les Sumériens ont développé un modèle architectural de référence pour les temples mésopotamiens au cours de la période d'Obeïd et les groupes ethniques ultérieurs ont continué à suivre ce modèle tout au long de la période hellénistique. Les Sumériens ont mis au point une technique architecturale qui a été utilisée à toutes les périodes successives de l'histoire mésopotamienne : les contreforts et les murs encastrés (Frankfort 1996, 18). L'évolution de l'ensemble des temples mésopotamiens s'est ensuite orientée vers son expression finale, la ziggourat. À partir de la période d'Uruk, le complexe du temple a commencé à inclure une tour sur une plate-forme, appelée ziggourat (Francfort 1996, 20). Le « temple blanc » d'Uruk avait une ziggourat « archaïque » qui s'élevait à environ quinze mètres au-dessus du sol, ce qui suffisait largement pour dominer tout le paysage sans relief sur des kilomètres à la ronde (Frankfort 1996, 20). Pour les Sumériens, la ziggourat symbolisait une montagne au sommet de laquelle se trouvait la demeure de la divinité à qui le temple était dédié (Frankfort 1996, 21). Au cours des périodes plus tardives de l'histoire mésopotamienne, les noms des ziggourats ont commencé à être consignés par écrit, ce qui indique l'importance religieuse de ces constructions. Par exemple, la ziggourat du dieu Enlil était connue sous le nom de « Maison de la Montagne, Montagne de la Tempête, et Pont entre le Ciel et la Terre » (Frankfort 1996, 22). Les matériaux nécessaires à la construction de ces grandes structures ont dû être importés de très loin à Uruk, ce qui indique que la ville sumérienne primitive n'était pas seulement un pôle culturel important, mais aussi un centre politique.

Aujourd'hui, les spécialistes appellent souvent la période tardive d'Uruk « l'expansion d'Uruk », car c'était une phase où la cité exerçait une immense influence non seulement sur la Mésopotamie, mais aussi sur toutes les régions limitrophes de l'ancien Proche-Orient. En fait, on peut affirmer que les Sumériens de la période tardive d'Uruk ont créé le premier empire au monde. L'expansion de l'influence d'Uruk était directement liée à son besoin de ressources introuvables au sud de la Mésopotamie. Les Sumériens ont donc monopolisé les réseaux commerciaux qui apportaient à Sumer des marchandises telles que la pierre, le bois et le lapis-lazuli. Bien que les Sumériens aient été alphabétisés dès la fin de la période d'Uruk, les documents sont encore peu nombreux et les meilleures informations archéologiques sur le processus d'expansion proviennent en fait de régions périphériques - comme l'ouest de l'Iran, le nord de la Syrie et le sud de la Turquie - qui ont subi l'influence d'Uruk (van de Mieroop 2007, 35).

En construisant des villes comme Uruk, les Mésopotamiens ont façonné le monde à leur propre image. Cette relation se retrouve dans un vase en albâtre de plus d'un mètre de haut, découvert à Uruk lors de fouilles en 1933. Connu aujourd'hui sous le nom de « vase de Warka », les bas-reliefs qui l'ornent représentent la reconnaissance des Sumériens envers la nature. Les céréales et les animaux sont représentés sous forme d'épis de blé et de troupeaux de moutons.[28] De plus, la représentation d'une procession d'hommes apportant des offrandes à l'approche du sanctuaire d'Inanna, la déesse du ciel et de la terre, exprime également leur ferveur religieuse.

---

[28] Ristvet, 2014

Photographie d'Einsamer Schütze d'une réplique du vase de Warka

Les fidèles de la procession du Vase de Warka sont accueillis par le grand prêtre en robe, signe de la stratification sociale qui régnait dans la cité.[29] La société mésopotamienne était fortement hiérarchisée. Au sommet, se trouvait le prêtre-roi, qui revendiquait l'autorité divine

---

[29] Ristvet, 2014

sur ses sujets. Une élite existait autour de lui, composée de nobles, de prêtres, de scribes, de fonctionnaires et de guerriers. Il y avait sans doute un large éventail de marchands, de commerçants et d'artisans dans la ville. Le reste de la population, et de loin la majorité, était constituée de serfs et d'esclaves, chargés de tous les travaux pénibles.[30]

Ce vase est la plus ancienne représentation d'une telle scène dans l'art mésopotamien, et il a influencé des scènes similaires qui étaient souvent représentées sur les reliefs des palais royaux tout au long de la période néo-assyrienne. Un autre style qui semble avoir été développé pour la première fois par les Sumériens pendant la période d'Uruk, et qui a été reproduit des siècles plus tard par les Assyriens, est le thème de la chasse au lion royale (Kuhrt 2010 : 1:23). Sur une stèle spéciale, qui se trouvait au Musée national de Bagdad, un chasseur vêtu d'un vêtement, peut-être royal, chasse les lions avec un arc (Frankfort 1996, 33). Il se peut que la scène de chasse au lion d'Uruk soit la commémoration d'un projet de mise en valeur de marais (Frankfort 1996, 34), mais le relief très endommagé n'est pas accompagné de texte, si bien qu'il n'est pas évident de savoir si la scène était destinée à représenter un événement précis ou si elle s'inscrivait dans un contexte religieux ou rituel, ce qui signifierait que cette scène aurait une signification plus symbolique ou métaphorique. Quel que soit le but recherché, il est difficile d'ignorer une possible influence sumérienne sur les nombreuses scènes de chasse au lion dont le roi assyrien Ashurbanipal (668-627 avant J.-C.) a orné son palais près de deux mille cinq cents ans plus tard (Curtis et Reade 1995, 84-89).

Vue d'Ensemble d'Uruk

Uruk s'est développée en plusieurs étapes au fil du temps et la configuration de la ville était très différente au quatrième millénaire en comparaison avec son aspect sous la domination akkadienne et babylonienne. Pour avoir une idée générale de la configuration de la cité, on peut la décrire comme un immense paysage urbain, entouré de quatre mille hectares de champs de céréales, bâtie sur la rive sud-ouest de l'Euphrate. Typique de nombreuses villes de Mésopotamie, Uruk était entourée d'un mur en Adobe, qui aurait été construit sous Gilgamesh, le légendaire roi d'Uruk. La zone qu'il délimitait aurait abrité une population de cinquante à quatre-vingts mille habitants.

Derrière la haute muraille de la ville, se trouvait un dédale de ruelles étroites et sinueuses et de maisons à patio, réparties au hasard selon les classes sociales et les professions. Les bâtiments de trois étages rivalisaient avec ceux d'un seul étage pour trouver de l'espace. Aucune des maisons n'était alignée selon un plan horizontal autre que celui fourni par l'incroyable réseau de canaux qui traversaient le paysage et amenaient l'eau fraîche de l'Euphrate. La plupart des serfs et des esclaves de la cité vivaient dans ce vaste labyrinthe de bâtiments, dont les façades n'avaient pas d'autres ouvertures que des portes basses et quelques bouches d'aération. Avec les fréquentes tempêtes de poussière de la région, les grandes fenêtres étaient peu pratiques, et les gens dormaient souvent sur leur toit, qui était beaucoup plus frais la nuit que les petites pièces de leur maison.

---

[30] Crawford, H. E. W. (2004) *Sumer and the Sumerians*. Cambridge: Cambridge University Press

Dès les premiers temps, la vie quotidienne à Uruk était centrée sur les temples des quartiers d'Eanna et d'Anu, où les gens priaient et pratiquaient leur culte. C'est là également que les décisions politiques et économiques étaient prises par l'élite et la bureaucratie de la cité. On pense qu'Uruk s'est formé à l'origine par la fusion de deux petites colonies, dont les noyaux sont devenus les deux temples de la ville. Ces deux temples contenaient le mobilier standard d'un temple sumérien, à savoir une table d'offrandes et un autel pour la divinité.[31] Dans la zone du temple, se trouvaient aussi les quartiers des scribes et des prêtres de la ville.

Photographie de Carmen Ansinsio des ruines du Temple d'Inanna

L'un des plus beaux paysages monumentaux de la ville se trouvait dans le quartier d'Eanna. Ce vaste complexe était composé d'un grand nombre de constructions, de grands édifices avec des cours munies de colonnades, de divers temples en calcaire précieux consacrés à Inanna, déesse de la fertilité, et de diverses installations décorées de mosaïques de Riemchen, de cônes en briques à section carrée avec des sommets colorés dans un style bigarré qui devint caractéristique de la culture d'Uruk.

L'autre grand centre religieux de la vieille cité était le quartier d'Anu, qui abritait le temple d'An, le dieu du ciel. Le complexe était dominé par la ziggourat, à laquelle on accédait par un escalier de procession monumental menant à l'autel central. Près de l'autel se trouvait le « temple blanc », une structure bien préservée (ce qui est rare dans la région) avec un hall central orienté selon les points cardinaux et un autel en gradins. Ce temple blanc étincelant avait des murs blanchis à la chaux qui devaient briller de mille feux sous le soleil irakien. Atteignant une hauteur de treize mètres, la taille et la complexité de son architecture

---

[31] Ristvet, 2014

témoignent du fait que ce bâtiment a été construit dans l'intention d'impressionner la population de la ville et de l'arrière-pays, pour mieux rappeler la richesse et la puissance de ceux qui l'avaient commandé.[32]

Toutes les constructions de la ville étaient pratiquement entièrement faites de briques en terre, un matériau qui se dégrade rapidement, de sorte que les vieilles structures de chaque génération précédente étaient détruites et remplacées par de nouveaux bâtiments. Les déchets étaient soit brûlés, soit simplement laissés sur la route à l'extérieur des maisons. Au fil du temps, les couches successives de détritus et d'anciennes infrastructures ont fait que l'ensemble du site urbain s'est élevé au-dessus des plaines.[33]

Les quartiers des temples monumentaux ont connu la même tendance à raser ce qui existait avant et à reconstruire quelque chose de nouveau. Ces destructions et restaurations successives sont rentrées dans la culture locale de l'élite, et les générations futures étaient encouragées, par le biais des inscriptions des fondations, à restaurer les noms gravés, les stèles et les écritures en argile.

Religion et Pouvoir

La sensibilité religieuse des Sumériens n'est pas facile à appréhender. Les archéologues ont découvert des temples, des textes riches en mythes et des bas-reliefs représentant des rituels, mais les sentiments spirituels profonds et les aspects cosmologiques ne sont pas encore bien compris à ce jour. Il existe un fort pouvoir divin, et il est clair que les Sumériens croyaient qu'il existait des forces surnaturelles que les Hommes devaient servir, et avec lesquelles ils devaient composer. Leur religion était basée sur la servitude et la prière, et grâce à cela, ils pensaient s'assurer une vie harmonieuse dans cet environnement hostile.[34]

Les dieux leur inculquaient la peur et le respect, symbolisant ainsi la méfiance des Sumériens envers la nature. Comme rien ne se passait, en Mésopotamie antique, sans le consentement ou l'intervention des dieux, le déclin de l'empire devait signifier que les Sumériens avaient contrarié les dieux. Des centaines de divinités étaient vénérées à Uruk et dans toute la Mésopotamie, et il semblait y avoir une tolérance religieuse considérable, car ces groupes se partageaient et mêlaient leurs panthéons. Le prestige des dieux dépendait de la fortune de la cité d'origine, chaque divinité du panthéon mésopotamien jouait un rôle, et régnait sur une ville. Enlil, dieu de l'air et de la terre, dominait la ville de Nippur. Udu, dieu de la justice et de la vérité, était vénéré à Larsa. Enki, dieu de l'eau et du monde, était adoré à Eridu. Nanna, le dieu de la lune, était la divinité protectrice d'Ur. Le nom de chaque ville était dérivé du nom du dieu en sumérien classique : « Urim ». D'autres divinités étaient vénérées dans de petits temples autour de la ville.[35] Inanna, appelée Ishtar, déesse de la fertilité, chez les Babyloniens, Aphrodite chez les Grecs et Vénus chez les Romains, était idolâtrée à Uruk. On pense qu'elle a inspiré l'amour et la guerre.

---

[32] Rothman, 2001
[33] Castel, C. and Peltenburg, E. (2006) Urbanism on the margins: third millennium BC Al-Rawda in the arid zone of Syria. *Antiquity,* 81. 601 - 616
[34] Ristvet, 2014
[35] Ristvet, 2014

Les souverains se considéraient comme les représentants des dieux. Leur rôle consistait notamment à organiser des cérémonies pour éloigner le mal et gagner les faveurs de leurs divinités. Ces rituels avaient lieu dans des temples, des bosquets sacrés et des collines, autant de lieux significatifs de la nature. Les sacrifices faisaient souvent partie intégrante de ces rites, au même titre que les libations (bière, eau, vin et huile), collectées par une administration publique spécialement chargée de cette tâche.

Une classe de fonctionnaires religieux contrôlait la vie politique et économique d'Uruk au nom de ces dieux-rois. Les scribes ont consigné par écrit les espoirs des Sumériens, et leurs textes ont subsisté dans les archives de la ville. En contrepartie de leur vertu, de leur dévotion et de leur respect pour l'ordre établi, les habitants d'Uruk espéraient la vie éternelle dans l'autre monde.

L'entretien des temples et l'organisation des cérémonies demandaient la mobilisation d'un grand nombre de prêtres et de personnel. Chaque jour, les gens apportaient des offrandes en nourriture céleste aux dieux (qui allaient par la suite aux prêtres et au personnel du temple). Les archives décrivent le repas quotidien des quatre dieux principaux, à savoir : deux cent cinquante pains, mille gâteaux, cinquante moutons, huit agneaux, deux bœufs et un veau.[36] C'est grâce à cette bureaucratie complexe et centralisée qu'un nombre important de personnes ont pu être rassemblées pour travailler sur les grands chantiers de la ville. Les prêtres et les scribes étaient chargés d'organiser les travaux d'ingénierie qui nécessitaient des milliers d'ouvriers. Ces travaux s'étendaient au-delà des murs de la ville, dans la construction et l'entretien des canaux d'irrigation, dont dépendait l'existence de toute la population.

Les Innovations d'Uruk

Dans la Mésopotamie antique, l'équilibre entre l'homme et la nature pouvait facilement basculer au détriment du premier. Le secret de la réussite des Sumériens reposait sur leur capacité à apprivoiser les sources d'eau capricieuses de leur territoire. Pour prendre le contrôle sur les eaux, ils ont inventé la roue, creusé plusieurs centaines de kilomètres de canaux, de réservoirs et de barrages pour irriguer, et ont ainsi réussi à maîtriser et à exploiter les eaux turbulentes du Tigre et de l'Euphrate pour assurer leurs besoins.

Alors qu'ils commençaient à peine à maîtriser leurs nouvelles découvertes, ces premiers agriculteurs ont encore inventé de nombreux outils. Les céréales étaient la richesse principale, toutes classes sociales confondues de la ville, et leur préoccupation majeure était de trouver des moyens pour augmenter la production agricole. Des tablettes d'argile, trouvées par les archéologues, décrivent un dispositif astucieux utilisé pour rendre les semailles plus économiques. Les graines étaient déposées par un entonnoir qui assurait une distribution régulière et uniforme dans les sillons. Les Sumériens avaient des récoltes abondantes et Uruk était entourée de centaines de milliers d'hectares de terres fertiles. Dans certaines régions, le blé, le millet et l'orge pouvaient être récoltés deux fois par an.[37]

---

[36] Ristvet, 2014
[37] Crawford, 2004

En examinant la pratique sociale de consommation d'alcool, qui a augmenté en Mésopotamie au cours des quatrième et troisième millénaires, et en étudiant le lien entre les ustensiles utilisés pour boire et le comportement social, les historiens ont pu mettre en évidence un processus de stratification social évolutif. L'alcool était très utile pour convertir les excédents agricoles en prestige et en pouvoir politique, créant ainsi un produit socialement valorisé et exploité par l'élite bureaucratique émergente.

L'évolution mésopotamienne de toute une série d'institutions économiques, rivales ou complémentaires, en milieu urbain, a créé une stratification sociale reconnue entre les différents milieux dans lesquels la consommation d'alcool avait une place importante.[38] Chacun de ces milieux avait sa propre étiquette et utilisait des récipients spécifiques, comme les coupes à pied façonnées au tour découvertes à Arslantepe[39] pour la consommation et de grands récipients de stockage munis de pailles retrouvés dans les tombeaux appartenant à l'élite du sud de la Mésopotamie.[40] L'alcool était très utilisé par la bureaucratie montante de la société complexe d'Uruk. Les élites rivales pouvaient se servir de la consommation ostentatoire d'alcool pour s'assurer une image de fournisseur, attirer des fidèles, récompenser les réussites, renforcer la loyauté et soutenir les nouveaux producteurs.[41] La spécialisation dans la production de boissons alcoolisées se manifeste dans la variété des tailles de récipients, des types de bières et des pièces en céramique utilisées pour la distillation, ainsi que dans les sites de production à grande échelle, tels que ceux d'Abu Salabikh et de Khafaje.[42] Dans l'enclave de Godin Tepe sur les hauteurs d'Uruk, les archéologues ont découvert, au centre du complexe, des produits à base de vin et de bière, qui étaient transformés et distribués avec d'autres denrées alimentaires par une bureaucratie officielle.[43]

Les Sumériens ont également adopté des unités normalisées de mesures en longueur, en superficie et en quantité.[44] Ils disposaient d'unités distinctes pour quantifier l'orge, le malt, le blé, la bière, le lait, les poissons, les animaux morts ou vivants, et même les esclaves. L'unité standard était le *sila*, qui correspondait au volume d'un bol à bord biseauté. Le poids se mesurait en *shekels*, qui correspondait à peu près au poids d'une livre actuelle, soit environ un demi-kilo. Les pièces de monnaie n'étaient pas utilisées en Mésopotamie, bien que l'existence de poids normalisés pour l'argent ait servi pour en déterminer la valeur et atteste de son utilisation comme moyen d'échange.[45]

En étudiant la catégorie des bols à bord biseauté, il est possible de comprendre comment la

---

[38] Douglas, M. (1987) *Constructive drinking: perspectives on drink from anthropology*. Cambridge: Cambridge University Press

[39] Frangipane, M. (1997)"A 4th-millenium temple/palace complex at Arslantepe-Malatya. North-South relations and the formation of early state societies in the Northern regions of Greater Mesopotamia." *Paléorient,* 23:1. 45-73

[40] Joffe, A.H. (1998) "Alcohol and social complexity in ancient Western Asia." *Current Anthropology* 39:3. 297-322

[41] Joffe, 1998

[42] Crawford, H. (1981) "Some fire installations from Abu Salabikh, Iraq." *Paléorient* 7:2. 105-144

[43] Joffe, 1998

[44] Powell, M. A. (1995) "Metrology and Mathematics in Ancient Mesopotamia". In Sasson, J. M. (ed.) *Civilizations of the Ancient Near East*. New York: Charles Scribner's Sons.

[45] Powell, 1995

fabrication, la distribution et l'utilisation de ces récipients contribuaient à la vie quotidienne à Uruk. Ces récipients standardisés étaient produits en masse grâce à l'utilisation de moules en bois, placés à même le sol ou sur pied.[46] Les artisans qualifiés pouvaient fabriquer ces bols en moins d'une minute et, vu leur simplicité, ils pouvaient être fabriqués par des ouvriers sans expérience dans le domaine de la céramique et sans autre outil qu'un bol à bord biseauté comme modèle.[47] Ils étaient cuits dans des fours sur des sites « d'activité » spécialisés, tels que ceux trouvés à Ur et Uruk.[48] Leur fonction précise a été vivement débattue par les chercheurs, qui se sont demandé s'ils étaient utilisés comme récipients jetables pour la distribution de rations de céréales brutes,[49] ou comme une forme de recensement pour la distribution et la disponibilité de la main-d'œuvre,[50] ou comme récipients pour les offrandes votives. Quoi qu'il en soit, on retrouvait les bols à bords biseautés dans les sphères administratives, religieuses et domestiques d'Uruk, en complément des zones de stockage de la nourriture. On peut en déduire qu'ils étaient utilisés par les fonctionnaires pour mesurer des denrées alimentaires sur un site de distribution centralisé, sous une forme standardisée et durable, de manière à conserver l'influence de cette administration en pleine expansion. C'était un ensemble complexe, un modèle de pratique alimentaire qui devint partie intégrante de leur identité culturelle, un concept si simple qu'il pouvait se répandre largement avec le déplacement d'un seul navire.[51]

[46] Goulder, G. (2010) "Administrators' bread: an experiment-based re-assessment of the functional and cultural role of the Uruk bevel-rim bowl." *Antiquity* 84. 351-362

[47] Goulder, 2010

[48] Postgate, J.N. (2002) *Artefacts of Complexity: Tracking the Uruk in the Near East*. Warminster, British School of Archaeology in Iraq

[49] Chazan, M., and Lehner, M. (1990) "An Ancient Analogy: Pot Baked Bread in Ancient Egypt and Mesopotamia." *Paléorient* 16:2. 21-35

[50] Pollock, S. (1992) "Bureaucrats and Managers, Peasants and Pastoralists, Imperialists and Traders: Research on the Uruk and Jemdet Nasr Periods in Mesopotamia." *Journal of World Prehistory* 6:3. 297-336

[51] Goulder, 2010

Certaines découvertes de la civilisation sumérienne sont encore utilisées par les Irakiens aujourd'hui. Par exemple, le bitume est utilisé pour imperméabiliser les coques des bateaux et pour étanchéifier les toits des maisons. Il y avait des pots en terre cuite disposés au coin des rues pour boire de l'eau potable et par temps chaud l'eau s'évaporait à la surface du récipient, ce qui la maintenait fraîche. Une invention sumérienne qui est toujours en usage cinq mille ans plus tard à Bagdad.

L'Écriture Cunéiforme

On ignore si les Sumériens ont été les premiers à développer l'écriture, mais leur système graphique est le plus ancien connu de Mésopotamie, et leur langue n'a aucune ressemblance avec une autre. La complexité de cette société se retrouve aussi dans la grande majorité des textes cunéiformes mésopotamiens et des sceaux iconographiques utilisés pour enregistrer les transactions telles que la distribution des rations, la collecte des importations et la réception des marchandises.

Avec le développement du commerce, les Sumériens ont inventé le concept du « contrat ». En Mésopotamie antique, celui-ci se présentait sous forme de sceau-cylindre en pierre, finement sculpté de bas-reliefs creux. Lorsqu'un contrat était conclu, ou que les marchandises devaient être identifiées, le cylindre était roulé dans l'argile, la marque ainsi imprimée scellait la transaction. Ces sceaux étaient également utilisés par les prêtres et les nobles de la cité pour toutes sortes de documents, des lettres importantes aux décrets juridiques.[52] L'acte de sceller signifiait que la transaction était autorisée par un fonctionnaire agréé qui réglementait les lieux de production, d'assemblage et de distribution des marchandises telles que les denrées alimentaires et les boissons. Ainsi, la découverte de scellés brisés et abandonnés indique la localisation de lieux de stockage et de distribution des produits alimentaires, tandis que la présence de bulles-enveloppes inachevées ou complètes témoigne d'un lieu de préparation de marchandises destinées à être expédiées.[53]

---

[52] Collon, D. (2005) *First Impressions, Cylinder Seals in the Ancient Near East*, London: British Museum Press
[53] Pollock, 1992

Sceaux-cylindres découverts à Uruk

Le second système était le recours à l'écriture cunéiforme, un alphabet en forme de coin réalisé en enfonçant un bâton dans de l'argile tendre. On ignore si les tablettes d'argile étaient parfois laissées humides, mais celles qui ont traversé les milliers d'années jusqu'à nous étaient soit cuites dans un four, soit séchées à l'air libre ou durcies par le feu après l'invasion et l'incendie des cités. La plus ancienne écriture cunéiforme découverte a été trouvée dans le quartier d'Eanna. De nombreux autres textes cunéiformes ont été retrouvés éparpillés dans les ruines, sur des artefacts ou imprimés le long des murs des bâtisses.

C'est également grâce à cela que les Sumériens ont commencé à faire des lois. Très peu de textes juridiques de la période sumérienne ont été récupérés, mais au début du XXe siècle, dans la ville perse de Suse (située dans l'actuel Iran), des archéologues ont découvert la pierre d'Hammourabi, roi de Babylone. Cette dalle en pierre gravée avait été prise comme trophée par les Élamites, qui ont fait de nombreuses conquêtes en Mésopotamie tout au long du XIIe siècle avant notre ère. Hammurabi a fait rédiger le code juridique qui porte son nom en 1694 avant J.-C. Ce code consacrait l'ensemble des lois de Sumer, avec deux cent quatre-vingt-deux articles gravés dans la pierre.[54] Ils touchent principalement à des aspects de la vie quotidienne dans des villes comme Uruk : transactions commerciales, mariages et héritages. Le roi était le juge. Il ordonnait les enquêtes, supervisait les grands travaux publics et protégeait la population contre les abus des autorités locales. Les lois d'Hammourabi montrent que les Sumériens ont été des précurseurs dans de nombreux domaines du droit existant depuis des millénaires. Par exemple, au dos de la pierre, un article avertit « œil pour œil », un principe repris plus tard dans le code d'Hammourabi et la loi de Moïse.[55]

Les Routes Commerciales

Les orfèvres d'Uruk maîtrisaient les techniques de ciselage et de soudure de l'or, qui étaient également utilisées pour les coupes et les armes rituelles. En provenance de l'Est, le lapis-lazuli et d'autres matériaux précieux, comme la turquoise, étaient aussi travaillés. La nacre et les coquillages arrivaient du Bahreïn. L'utilisation de ces matériaux bruts montre combien Uruk était prospère et impliquée dans un réseau commercial florissant avec les régions voisines, d'autant plus que la Mésopotamie elle-même ne disposait pas de ressources importantes, hormis l'eau, la boue, des dépôts de bitume épars et de petites mines de cuivre le long de ses hautes terres à l'est et au nord, ce qui a favorisé les échanges interrégionaux. Uruk manquait particulièrement de trois ressources importantes : les métaux précieux, la pierre et le bois.

Pour aménager leur jardin d'Eden en Mésopotamie, les Sumériens ont parcouru le monde à la recherche des matières premières qui leur faisaient défaut, et les archéologues ont réussi à retracer l'origine de certains de ces matériaux. Pour se procurer du lapis-lazuli, les Sumériens ont envoyé leurs caravanes marchandes à trois mille kilomètres de distance dans les montagnes du Badakhshan, dans ce qui est aujourd'hui le nord du Pakistan et le sud de l'Afghanistan. Les archéologues ont établi que ce commerce du lapis-lazuli - qui a duré des millénaires - a commencé avec la civilisation sumérienne, ouvrant des routes commerciales à travers l'Eurasie, plus de trois mille ans avant la Grande Route de la Soie.[56]

Le manque de bois dans le désert mésopotamien était un problème majeur pour les habitants d'Uruk. Pour se procurer cette denrée rare, utilisée presque exclusivement comme matériau de construction et pour créer des objets précieux occasionnellement, les Sumériens se sont aventurés jusqu'en Syrie, en Anatolie et dans les montagnes du Liban pour des expéditions de plusieurs mois. Les bas-reliefs trouvés dans le sud de la Mésopotamie montrent des bûcherons sumériens coupant des cèdres et les chargeant sur des bateaux avant de redescendre l'Euphrate.[57] Aujourd'hui, les forêts de cèdres sont peu nombreuses dans la région, car après les Sumériens, toutes les anciennes civilisations ont utilisé le cèdre, abattant

---

[54] Roth, M. T. (1997) *Law Collections from Mesopotamia and Asia Minor.* Atlanta: Scholars Press
[55] Roth, 1997
[56] Herrmann, 1966
[57] Leick, 2001

progressivement la quasi-totalité des forêts durant l'Antiquité.

Le bitume provenait de sites comme Hit, une petite ville sur les rives de l'Euphrate, à près de cinq cents kilomètres au nord d'Uruk. Le goudron et le soufre y jaillissaient de la terre, et les archéologues pensent que les Sumériens les récoltaient sur les rives de l'Euphrate.[58] Les habitants de Hit, en Irak, collectent toujours le goudron selon des méthodes inchangées depuis des milliers d'années. Avant de retirer le goudron de l'eau, ils s'enduisent les mains de sable afin de pouvoir manipuler le produit très chaud.[59] Les Sumériens utilisaient le bitume pour imperméabiliser leurs bateaux, mais il servait surtout à étanchéifier les briques et les fondations des bâtiments publics, une précaution indispensable en raison des grandes crues annuelles de l'Euphrate.

La Diffusion de la Culture d'Uruk

Le concept de nation en tant qu'entité géopolitique précise et délimitée est une conception historique qui trouve son origine dans l'Europe du XVIIe siècle et qui concerne la division du territoire dans lequel l'identité est fixée, les frontières tracées et les restrictions légales appliquées. Il faut bien comprendre que les anciens royaumes et empires mésopotamiens ne fonctionnaient pas du tout de la même manière.[60] Les frontières naturelles offertes par les rivières, les montagnes et les déserts n'étaient pas définitives, mais constituaient plutôt des zones de fortes interactions tout au long des millénaires.[61] Tout au long de l'histoire, des caravanes commerciales, des expéditions militaires et d'innombrables migrants ont franchi ces frontières depuis les contrées voisines, qui ont influé à leur façon sur la société et la culture mésopotamienne.

Les archéologues considèrent la notion de territorialité et de frontières comme une fiction pratique utilisée pour cartographier et analyser les politiques, fondée sur une représentation abstraite du territoire. En examinant la Mésopotamie antique, la notion de « territoire » et d'État a été formulée de différentes manières, et il n'existe pas de consensus définitif sur la manière dont on peut décrire les anciens « États » mésopotamiens comme celui d'Uruk. Certains prétendent qu'ils étaient organisés comme des entités territoriales relevant de l'autorité de pouvoirs publics, englobant de nombreuses communautés dans ses limites, avec un gouvernement centralisé, des armées régulières, une main-d'œuvre collective et un système fiscal.[62] D'autres adoptent une perspective plus large, soutenant que les États peuvent être identifiés comme des unités politiques autonomes à travers leur système juridique ou par la mesure dans laquelle ils utilisent la coercition pour imposer leur pouvoir à la population.[63] Ces deux perspectives supposent que les États ont des limites plus ou moins connues, où les individus pensent qu'il existe un territoire délimité représentant la juridiction et le contrôle de

---

[58] Leick, 2001

[59] Bilkadi, Z. (1984) "Bitumen - A History." *Aramco World*, 35: 6.

[60] Wilkinson, 2000

[61] Bahrani, 1998

[62] Raaflaub, K., and Nathan R, (eds) (1999) *War and Society in the Ancient and Medieval Worlds: Asia, The Mediterranean, Europe, and Mesoamerica*. Cambridge: Center for Hellenic Studies, Harvard University. . .

[63] Trigger, B. G. (2003) *Understanding Early Civilizations: A Comparative Study*. New York: Cambridge University Press. .

l'État, et que les États ont un caractère organisationnel qui demeure constant dans le temps.

Cependant, l'antique Mésopotamie était composée de nombreuses sphères culturelles, linguistiques ou ethniques atomisées (qui se chevauchaient souvent). [64] Ainsi, leurs frontières étaient poreuses, perméables et flexibles. De plus, elles étaient identifiées et défendues de manière sélective par certains groupes, en fonction du contexte historique. Que nous apprennent la nature et la structure d'Uruk sur ses relations avec son environnement immédiat ainsi qu'avec les autres cités-États de la Mésopotamie ? Les archéologues ont récemment essayé de porter leur regard sur Uruk au-delà des murs de la ville et de son arrière-pays immédiat, afin de commencer à établir une compréhension régionale de l'importance des routes et de leur dynamique, pour comprendre la nature des communautés qu'elles relient.

L'expansion d'Uruk s'est faite au cours du cinquième millénaire avant notre ère, lorsque les sites du nord sont entrés en contact avec ceux du sud. En témoignent les cônes, les bulles-enveloppes et les sceaux traditionnellement associés aux sites du nord, de plus en plus utilisés dans les régions sud de la Mésopotamie.[65] La croissance de l'urbanisation a été le processus le plus important de cette période, marquant la transition d'une agriculture de subsistance à l'apparition de villes dans le sud de la Mésopotamie. Suivant le modèle établi par Uruk, d'autres cités à cette époque se sont distinguées par des caractéristiques telles que l'émergence d'une bureaucratie avec un organe de direction centralisé, une stratification sociale sous forme d'une élite militaire, religieuse ou politique, des progrès en matière d'artisanat et de spécialisation économique et l'existence de travailleurs professionnels à temps plein.[66] En outre, de nombreuses villes peuvent être identifiées par les structures monumentales et les temples érigés dans le paysage urbain, ce qui indique la présence d'une religion organisée.

---

[64] Smith, A. T. (2003) *The Political Landscape: Constellations of Authority in Early Complex Politie*s. Berkeley: University of California Press. .
[65] Bogucki, 1990
[66] Bogucki, 1990

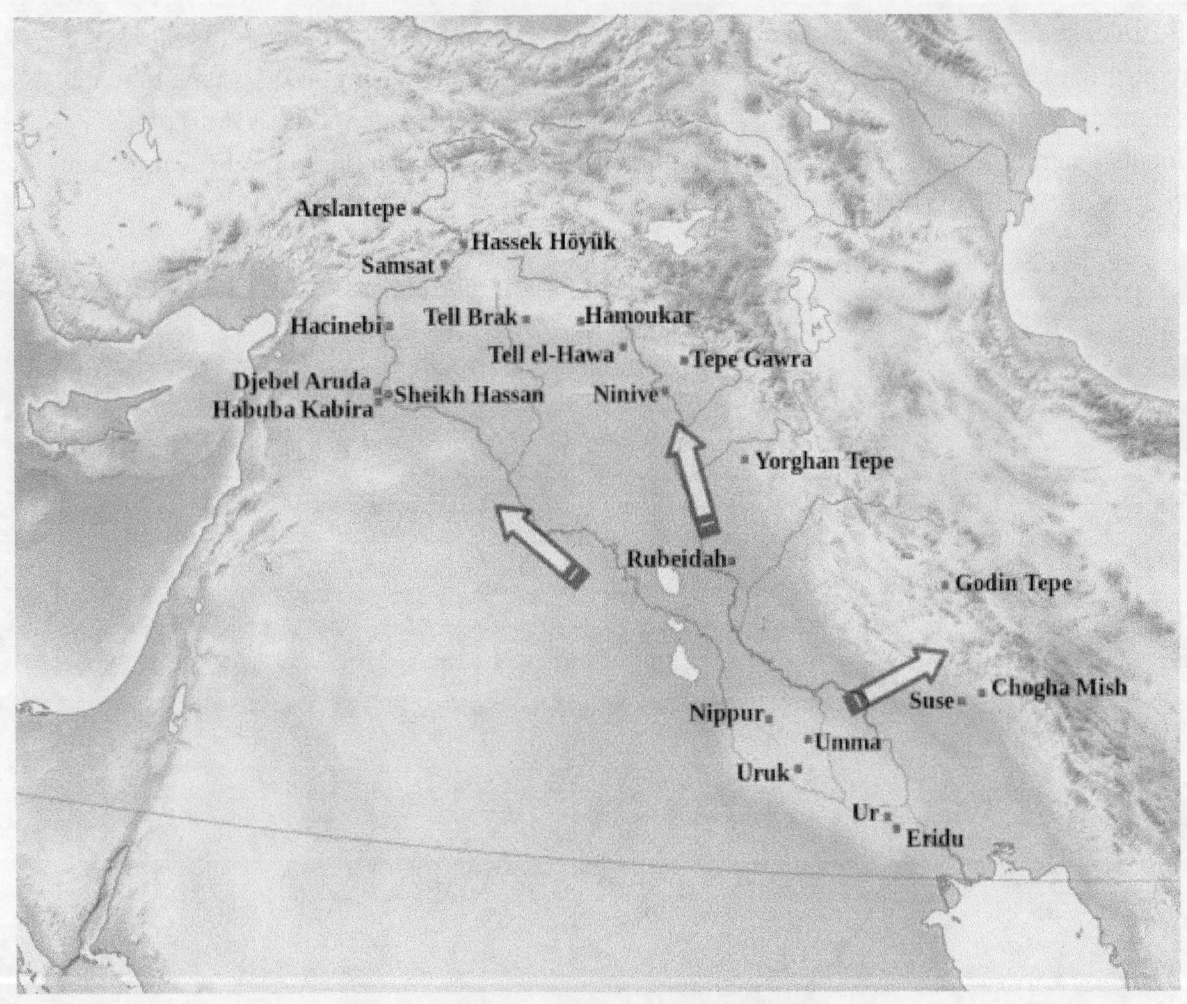

Carte illustrant l'expansion d'Uruk

Tell Brak (également connue sous le nom de Nagar ou Nawar) était une colonie du septième millénaire avant J.-C. qui est devenue l'une des plus grandes cités du nord de la Mésopotamie au cours du quatrième millénaire, avant de voir sa taille se réduire au début du troisième millénaire.[67] Le tell est entouré d'une zone surélevée avec des rigoles qui étaient utilisées pour diriger l'eau des bassins de captage hydrauliques dans le nord. Toutefois, on ignore si ces rigoles ont été aménagées dans le but de rediriger l'eau des bassins ou si elles faisaient partie d'un réseau de drainage naturel des eaux de pluie.[68]

Tell Brak a été un centre religieux dès son origine, comme en témoigne le célèbre « Temple aux yeux » consacré à Belet-Nagar. Le temple est décoré d'une mosaïque à motifs géométriques réalisée en Riemchen.[69] On trouve également à Tell Brak certains des premiers signes de la diffusion d'une production artisanale spécialisée originaire d'Uruk et d'autres sites urbains du sud de la Mésopotamie. En effet, au lieu que chaque ménage fabrique ses propres poteries, des artisans s'en chargeaient. Un artefact particulièrement fascinant provenant de

---

[67] Bryce, T. (2009) *The Routledge Handbook of the Peoples and Places of Ancient Western Asia: The Near East from the Early Bronze Age to the Fall of the Persian Empire*. London: Routledge. .

[68] Wilkinson, T. J. (2007) Ancient Near Eastern Route Systems: From the Ground Up. *Archatlas* (http://www.archatlas.dept.shef.ac.uk/workshop/TWilkinson07.php)

[69] Ristvet, 2014

Tell Brak est un calice en obsidienne fixé à un socle en marbre, des matériaux qui ont dû parcourir d'immenses distances avant d'arriver sur le site.[70] La consommation ostentatoire de tels matériaux a permis à certains individus puissants de se démarquer et de devenir plus influents. Au moment où Tell-Brak devenait un site urbain, des personnes commençaient à se distinguer socialement et très probablement politiquement.[71]

Sculpture de taureau découverte à Uruk

[70] Bryce, 2009
[71] Ristvet, 2014

Le masque de Warka trouvé à Uruk

L'expansion d'Uruk a été observée même très loin au-delà de la Mésopotamie. Dans la région du Haut-Euphrate, l'acropole religieuse de Tell Qannas montre des traces de briques de Riemchen, des bols à bord biseauté ont été retrouvés en Anatolie, et des mosaïques de Riemchen ont été trouvées à Samsat.[72] Les styles architecturaux des édifices de Hassek Huyuk présentent également des similitudes avec ceux du sud de la Mésopotamie.[73] La propagation des systèmes d'écriture est indiquée par les empreintes de sceaux relevées à Arslantepe, et des bols à bord biseauté ont été découverts par des archéologues à Tepecik. L'un des sites archéologiques les plus importants de cette période en Anatolie est celui de Çatalhöyük, une ville d'environ mille maisons, dont près de la moitié mesuraient environ vingt-cinq mètres carrés, ce qui les destinait à accueillir une grande famille nucléaire,[74] avec

---

[72] Bryce, 2009

[73] Bryce, 2009

[74] Hodder, I. (ed.) (1996) *On the Surface: Çatalhöyük 1993–95*. Cambridge: McDonald Institute for

une population totale estimée à environ cinq mille personnes. Les maisons étaient enduites de plâtre, et certaines étaient ornées de peintures murales élaborées et de reliefs muraux, les sanctuaires étaient décorés de crânes d'animaux. Comme chez les Sumériens, la religion semblait être une force motrice de la société.[75]

Comment la culture d'Uruk s'est-elle diffusée aussi loin à cette époque ? Quelques archéologues insistent sur le fait qu'une des façons pour le déterminer est le flux de matières précieuses entre leur lieu d'origine et les centres urbains. Par exemple, les riches ressources minérales de la bordure des hautes terres du Croissant fertile ont peut-être été un facteur clé dans la formation de réseaux commerciaux complexes, une périphérie à la recherche d'un centre.[76] L'extraction et le commerce à longue distance du lapis-lazuli d'Afghanistan, ou l'échange d'or, d'argent et de cuivre avec l'Anatolie orientale dans les plaines de Mésopotamie au quatrième millénaire avant notre ère, sont des indicateurs de zones de chalandise potentielles dans lesquelles les puissances urbaines étaient disposées à commercer pour les matériaux de luxe. Chaque jour, l'échange répétitif d'idées et de matériaux se faisait le long des pistes locales, tandis que les interactions à l'échelle macro, impliquant des matériaux de grande valeur, se déroulaient le long des grands axes routiers.[77]

Ce commerce peut également donner un aperçu de la relation entre les communautés urbaines sédentaires et leurs voisins nomades, car le réseau de voies d'accès était dirigé du sommet vers la base, en fonction des désirs des élites urbaines des basses-terres qui influençaient les activités des communautés des hautes-terres.[78] Comme de nombreuses ressources essentielles manquaient en Mésopotamie, les commerçants de l'époque devaient se déplacer loin de leurs cités-États à la recherche de marchandises, et interagir avec des intermédiaires nomades pour acquérir divers matériaux. Certains pensent que des colonies ont été ainsi établies, dans les villes d'Eurasie, par ces marchands ambulants, qui ont alors transmis des concepts techniques et des nouvelles idées.[79] Les lapis-lazuli découverts en Égypte ancienne confortent cette hypothèse, et démontrent que des routes vers l'Afghanistan depuis la région méditerranéenne existaient à cette époque. La culture d'Uruk semble s'être étendue jusqu'à l'Égypte antique à l'époque de Naqada II/Gerzean (environ 3500 - 3200 avant notre ère), comme l'indiquent les sceaux cylindriques de Tell al Fara dans le delta du Nil.[80]

Jemdet Nasr et les Premières Périodes Dynastiques

La société et la culture sumériennes ont prospéré au cours du troisième millénaire avant notre ère. Lors de la période tardive urukéenne, de nombreux sites du nord ont été abandonnés au profit de nouvelles colonies établies plus au sud, dans les environs d'Uruk,

---

Archaeological Research and British Institute of Archaeology at Ankara. .
[75] Hodder, 1996
[76] Sherratt, A. (2004) "Trade Routes: The Growth of Urban Supply Routes 3500 BC – AD 1500." *Archatlas* (http://www.archatlas.dept.shef.ac.uk/Trade/Trade.php)
[77] Wilkinson, 2007
[78] Wilkinson, 2000
[79] Sundsdal, K. (2011) "The Uruk Expansion: Culture Contact, Ideology and Middlemen." *Norwegian Archaeological Review*, 44: 2. 164 - 185. .
[80] Wilkinson, R. H. (2000) *The Complete Temples of Ancient Egypt*. London: Thames & Hudson

dont la taille avait doublé.[81] Cette tendance s'est poursuivie au cours des périodes de Jemdet Nasr et au début de la période dynastique, pendant qu'Uruk continuait à croître.

La période Jemdet Nasr est caractérisée par le développement d'une confédération de Cités-États au centre et au sud de la Mésopotamie. Des alliances politiques, religieuses et commerciales se sont formées entre ces États, comme l'indiquent les empreintes de sceaux retrouvées sur des tablettes qui portent le symbole d'Inanna, déesse d'Uruk. Les débuts de la période dynastique ont été marqués par une augmentation spectaculaire du nombre de sites d'implantations et de la population dans toute la Mésopotamie. C'était une période de luttes intestines constantes entre cités voisines, et une ère de fragmentation politique accompagnée d'une intégration culturelle.

Bien que les temples semblent avoir été des centres de pouvoir au cours du quatrième millénaire, le début de la période dynastique s'est aussi démarqué par un glissement vers une gouvernance plus laïque, assurée par des personnalités masculines célèbres.[82] Le culte de certaines personnalités s'est développé dans un contexte de concurrence politique intense. Ces individus puissants montraient leur supériorité et leur pouvoir à travers une « consommation ostentatoire » : approvisionnement en matières premières rares et coûteuses d'autres régions et acquisition d'objets provenant de terres lointaines pour les exposer dans les capitales culturelles, ce qui augmentait encore les échanges commerciaux.

---

[81] Rothman, 2001
[82] Rothman, 2001

Représentation archaïque d'Innana

D'autres sites, influencés par la culture urukéenne, ont prospéré pendant cette période, comme l'indiquent les sépultures du cimetière royal d'Ur qui montrent un étalage exubérant de richesses et de luxe correspondant à la consommation ostentatoire des dirigeants de leur vivant. Cette consommation ostentatoire ne se limitait pas aux objets et aux matériaux, mais aussi aux personnes, au regard des preuves de sacrifices humains.

Dans l'une des tombes, une figure royale appelée Lady Puabi a été enterrée avec de nombreuses servantes et un splendide ensemble d'objets rares et coûteux, dont la « Lyre de la

Reine », dessinée en forme de taureau, dont seuls la tête et des fragments du corps ont subsisté jusqu'à nos jours.[83] La tête de taureau est sertie avec des yeux en lapis-lazuli sur une face en or. La harpe, quant à elle, est décorée de coquillages et de pierres précieuses. Pour leur dernier voyage avec la reine, les servantes sacrifiées portaient chacune un spectaculaire diadème en or et pierres précieuses, et leurs fronts étaient ornés d'un tressage de feuilles de hêtre composé de fines feuilles battues 'où se dressaient trois fleurs en or.[84] Lady Puabi a aussi été inhumée avec une magnifique coiffe composée d'or, d'argent, de lapis-lazuli, de cuivre et de cornaline, en forme de bélier scrutant à travers un bosquet.[85]

Le commerce est devenu de plus en plus important dans ce contexte de consommation effrénée, correspondant à l'expansion de sites sédentaires du sud de la Mésopotamie vers sa périphérie. Le site d'Al-Rawda a été occupé pendant la seconde moitié du troisième millénaire avant J.-C., où les relevés géomatiques ont révélé une infrastructure dense de bâtiments organisés en un réseau de rues concentriques et radiales, le tout dans une enceinte fortifiée.[86] La relation entretenue par Al-Rawda avec l'ensemble de la Mésopotamie est indiquée par cinq portes massives dans les remparts et par les nombreuses routes qui mènent à la ville.

La grandeur monumentale de ces portes et les objets exotiques découverts dans le temple central auquel mènent les routes principales, indiquent le lien très fort entre la ville et les routes commerciales du début de l'âge du bronze qui reliaient la Syrie occidentale à la vallée de l'Euphrate.[87] La découverte de coquillages provenant de la mer Méditerranée et du golfe Arabo-Persique, d'agate d'Inde, de lapis-lazuli du Badakhshan et peut-être d'albâtre égyptien, indique qu'Al-Rawda prenait une part active à cette route commerciale, en tant que lieu stratégique périphérique et destiné à exploiter les circuits commerciaux de longue distance. D'autres villes dotées d'infrastructures similaires ont été créées à cette époque, comme Mari dans la vallée de l'Euphrate et Tell Chuera au nord de la Syrie.[88] Certains ont suggéré que cet environnement urbain régulier et organisé, dans un endroit aussi marginal, pouvait servir de passerelle de communication avec les éleveurs et pour l'exploitation des ressources locales.

La Chute d'Uruk

Après la période de fragmentation politique marquée par le début de la période dynastique, deux cents ans d'intégration régionale ont suivi. On pense que le premier roi à avoir véritablement uni Sumer fut Lugalzagesi d'Umma (2360 - 2336 avant notre ère), qui sera aussi son dernier souverain.[89] Il aurait conquis toutes les autres cités-États sumériennes, avant

---

[83] de Schauensee, M. (2002) *Two Lyres from Ur*. Philadelphia: University of Philadelphia Museum of Archaeology and Anthropology

[84] de Schauensee, 2002

[85] Baadsgaard, A., Monge, J., Cox, S., and Zettler, R. L. (2012) "Bludgeoned, Burned, and Beautified: Reevaluating Mortuary Practices in the Royal Cemetery of Ur." in *Sacred killing: the archaeology of sacrifice in the ancient Near East*. Winona Lake.: Eisenbrauns. 125 - 158. .

[86] Castel and Peltenburg, 2006

[87] Wilkinson, T. J. (2000b) "Settlement and Land Use in the Zone of Uncertainty in Upper Mesopotamia." In R.M. Jas (ed.) *Rainfall and agriculture in Northern Mesopotamia: Proceedings of the Third MOS Symposium*. Leiden: Nederlands Instituut voor het Nabije Oosten. 3 - 35. .

[88] Castel and Peltenburg, 2006

d'assujettir le reste de la Mésopotamie et la Syrie, mais après plusieurs décennies sur le trône, il a été renversé par Sargon d'Akkad (2340 – 2284 avant notre ère). Sargon a créé le premier empire du monde, qui s'étendait tout le long du Croissant fertile.

Des textes tels que la stèle de la Victoire de Naram-Sin en calcaire rouge (vers 2254 - 2218 av. notre ère) donnent un aperçu inestimable des événements de cette période.[90] Cette stèle a été érigée loin de la Mésopotamie, sur le site iranien de Suse. Elle représente la victoire de Naram-Sin, petit-fils de Sargon, sur le peuple Lullubi des montagnes du Zagros. On croyait que la royauté était léguée par les dieux et qu'elle pouvait être transférée d'une ville à l'autre. En décrivant sa victoire, dans sa marche à travers les pentes abruptes du territoire ennemi pour écraser ses adversaires, Naram-Sin accède à la même position élevée que les dieux et reflète ainsi l'hégémonie des Akkadiens au début du troisième millénaire.

Sculpture de Lugal-kisal-si roi d'Uruk

---

[89] Crawford, 2004
[90] Crawford, 2004

Masque supposé représenter Sargon

Stèle de la victoire de Naram-Sin

Cependant, l'empire de Sargon est rapidement devenu le théâtre de révoltes et d'invasions par des hordes de Guti, un peuple nomade des montagnes du Zagros, qui a régné dans le sud pendant un siècle environ. Finalement, ils ont eux aussi été chassés lors d'un soulèvement qui a inauguré la troisième dynastie d'Ur. Cette dynastie a été établie par le roi Ur Nammu, et sous son règne, la culture et la civilisation sumériennes ont de nouveau été florissantes.[91] La paix est revenue dans tout le pays, le système juridique a été renforcé, l'agriculture a prospéré et les villes et les temples ont été reconstruits. Cependant, au bout d'un siècle, les Amorites nomades - également appelés Sémites - ont fait voler en éclats l'Empire d'Ur III, et la langue sumérienne a été progressivement remplacée.[92]

Les siècles suivants ont été assez tumultueux, plusieurs cités-États se disputant la suprématie dans le sud de la Mésopotamie. Puis, en 1750 avant J.-C., le peuple d'Uruk et les autres cités-États ont fait partie de l'empire unifié de Babylone, fondé par le roi Hammurabi. L'empire d'Hammurabi - qui comprenait la Mésopotamie, la Syrie et une partie de l'Anatolie -

---

[91] Bryce, 2009
[92] Crawford, 2004

était très puissant.[93] Après avoir consolidé son pouvoir sur les cités-États en conflit, Hammurabi a rédigé le premier de ses codes juridiques. L'empire a maintenu son autorité pendant plus de trois cents ans.

Vers 1400 avant J.-C., un autre peuple, les Assyriens, est devenue une force prépondérante dans la région, centrée autour de la ville d'Assur. Les Assyriens avaient un avantage majeur sur le puissant empire babylonien - le cheval - qu'ils utilisèrent pour dévaster les armées babyloniennes habituées à combattre à pied. Babylone est tombée aux mains de ces conquérants, qui ont pris le contrôle de la plus grande partie de la Mésopotamie.

Sous l'effet de ces autorités successives, de nombreuses transformations ont eu lieu dans la ville d'Uruk, mais il serait faux de prétendre que la culture sumérienne précédente a simplement été « remplacée » par celles des Akkadiens et des Babyloniens. Il convient plutôt de considérer cette culture comme un hybride novateur entre ce qui existait déjà dans la ville et ce qui venait de l'extérieur de la sphère culturelle sumérienne. Par exemple, au troisième siècle avant notre ère, le quartier du temple de Reš - également connu sous le nom de quartier de Kullaba - a été ajouté au centre d'Uruk, à l'ouest de l'ancien quartier d'Eanna. Le *bīt*, appelé ainsi, était un édifice d'origine akkadienne, rendu populaire par les Babyloniens, et qui abritait probablement des réunions politiques et jouait parallèlement un rôle de temple.[94] Bien qu'il s'agisse d'une nouvelle construction, le temple de Reš d'Uruk a été construit de manière à ressembler aux temples des périodes précédentes de la ville, ce qui souligne l'importance de ces sites pour la population.

Un deuxième vaste complexe de temples a également été construit à cette époque - le temple Akītu - où les prêtres babyloniens célébraient chaque printemps des cérémonies dédiées à Anu.[95] Le temple d'Irigal était un complexe carré construit au sud du temple de Reš vers 200 avant J.-C., il servait de lieu de culte pour les dieux Ishtar et Nana.[96]

Gilgamesh est considéré par la plupart des spécialistes comme un personnage historique réel, le cinquième roi d'Uruk, qui aurait régné au cours du troisième millénaire avant notre ère.[97] Pourtant, son existence est empreinte de mythes qui, à bien des égards, reflètent l'essor et le déclin d'Uruk et de la culture sumérienne. Il était le héros des Sumériens, et les récits de ses aventures étaient célèbres dans toute la Mésopotamie, résumant l'histoire de la naissance et de la chute de la civilisation sumérienne.

Gilgamesh était un roi juste et un grand bâtisseur qui a également défié les dieux. Il apprivoisa des tribus sauvages et se rendit dans la lointaine forêt des Cèdres - considérée

---

[93] Bryce, 2009

[94] Ristvet, L. (2014b) "Between ritual and theatre: political performance in Seleucid Babylonia." *World Archaeology*, 46:2. 256-269

[95] Downey, S. B. (1988) *Mesopotamian Religious Architecture: Alexander Through the Parthians*. Princeton: Princeton University Press

[96] Potts, D.T. (1997) *Mesopotamian Civilization: The Material Foundations*. New York: Cornell University Press

[97] George, A. (2003) *The Babylonian Gilgamesh Epic - Introduction, Critical Edition and Cuneiform Texts*. Oxford: Oxford University Press. .

comme la demeure des dieux - pour affronter Humbaba, le monstre cracheur de feu. Au cours de leur combat, Gilgamesh lui trancha la tête et la ramena avec lui en triomphe à Uruk. Pour le punir, la déesse Inanna envoya un taureau céleste pour détruire la ville. Le taureau assécha les pâturages et les rivières du pays, et ouvrit de profondes crevasses au sol dans lesquelles les gens tombèrent.

La chute soudaine des empires antiques du Proche-Orient n'est pas sans précédent. Les royaumes, les dynasties et les empires finissent tous par tomber, et les peuples du Proche-Orient ont dû s'habituer psychologiquement au fait que les structures et les fondations de leur mode de vie s'effondrent. Après avoir régné sur la Mésopotamie pendant trois mille ans, la civilisation sumérienne, attaquée de toutes parts, s'est effondrée. Le faste de ses cités était révolu, de même que son influence sur le territoire. Les canaux d'irrigation à Uruk se sont progressivement asséchés, les murs des maisons et des temples se sont effondrés sous l'assaut combiné du soleil, de la pluie et du vent, et l'argile des briques s'est transformée en poussière, ne laissant au-dessus des dunes qu'une masse informe, dernier vestige de la grandeur d'une civilisation.

On ne sait toujours pas comment les Sumériens ont pu complètement disparaître. Des habitudes de consommation ostentatoires et la recherche de ressources auraient pu provoquer leur déclin. Vers 1200 avant notre ère, l'humanité a découvert les avantages du fer : il était plus facile à travailler, plus solide et avait plus de débouchés que le cuivre que les Sumériens utilisaient auparavant. Le problème est que la Mésopotamie ne possédait que très peu de minerai de fer et qu'elle devait étendre ses routes commerciales très loin pour obtenir ce précieux matériau. Bien sûr, ils ne pouvaient pas concurrencer les régions qui avaient un accès plus facile au minerai de fer, et ce sont ces populations qui ont finalement pris une place beaucoup plus importante dans la région.

Le climat a probablement joué aussi un grand rôle dans le déclin et la chute d'Uruk. Malgré leur ingéniosité, les agriculteurs et les souverains étaient incapables d'empêcher la diminution des ressources. Le système d'irrigation a rendu le peuple d'Uruk puissant, mais il a également contribué à sa destruction. Uruk a été construite à l'origine sur la rive sud-ouest de l'Euphrate, mais le fleuve s'est déplacé au fil du temps, et aujourd'hui, la ville en ruine est située beaucoup plus loin au nord-est du fleuve. Les constructions en Adobe de la ville n'auraient pas résisté aux inondations causées par l'empiètement du fleuve. En outre, les colonies satellites et les fermes entourant la ville, qui fournissaient la population en céréales, ont connu des difficultés supplémentaires en raison de la désertification des terres.

Après trois mille ans d'évaporation des eaux d'irrigation, le sel enfoui dans les profondeurs de la terre est remonté à la surface. Finalement, les champs entourant Uruk ont été recouverts d'une croûte blanche de sel, brûlée par le soleil. Le blé ne pouvait plus pousser dans ce sol stérile. Les populations locales sont encore aujourd'hui confrontées à ce problème - dans certaines régions, la terre ressemble à un désert fissuré et non cultivable, malgré le fait que cette région était autrefois connue sous le nom de Croissant fertile.

Face au changement climatique et à la désertification, les agriculteurs ne trouvèrent aucune solution et la ville affaiblie ne put faire face à la concurrence économique des grandes cités du reste de la Mésopotamie. Au VIIIe siècle avant J.-C., Uruk était une ville morte. Les Babyloniens sont tombés aux mains des Assyriens à peu près à la même époque, et bien que les Babyloniens aient finalement réussi à regagner leur indépendance face à l'Assyrie au VIIe siècle, ils n'avaient plus rien à faire des terres stériles du sud de la Mésopotamie. Sous un soleil impitoyable, la ville d'Uruk est alors redevenue poussière.

Recherches Archéologiques

Dans les années 1850, lorsque les archéologues se sont rendus pour la première fois en Irak, ils étaient à la recherche du passé biblique de la région. Au milieu du XIXe siècle, tout ce que l'on savait de l'antique Mésopotamie était ce que l'on pouvait y lire dans l'Ancien Testament. Les archéologues français et britanniques ont rivalisé pour découvrir tout ce qu'ils pouvaient de ces terres semi-mythologiques, concentrant ainsi leurs efforts sur le site de Babylone pour y trouver en fin de compte les vestiges de civilisations beaucoup plus anciennes. Ils ont ainsi mis au jour une civilisation insoupçonnée, enfouie sous les sables, mais qu'y avait-il de si particulier dans ce qu'ils ont trouvé, et pourquoi une civilisation s'est-elle développée dans cette partie du monde ? Telles étaient les questions posées par les premiers chercheurs de Mésopotamie.

Les premiers archéologues à avoir vu les ruines d'Uruk ont dû rester bouche bée, car devant eux s'étendait un paysage confus de rues étroites, de places et de ruines de maisons, de greniers et de temples. Aujourd'hui, la terre autour d'Uruk est un désert aride, à plusieurs kilomètres des rivières les plus proches, de sorte qu'il est difficile de l'imaginer comme une ville autrefois prospère où ses habitants vivaient de la terre. Lorsqu'ils ont trouvé les ruines de barrages sumériens dans ce territoire aride, les archéologues du XIXe siècle se sont heurtés à une énigme, celle de savoir comment des gens ont pu vivre dans ce désert, si loin de toute source d'eau fraîche.

Finalement, il est apparu qu'Uruk avait évolué dans un paysage très différent de celui qui existe aujourd'hui. À 250 km au sud de Bagdad et à 160 km au nord d'Uruk, se trouve la ville désertique de Nippur, dont le temple en ruine s'élève au-dessus des dunes de sable. C'est lors des fouilles de ce site que les archéologues ont découvert pour la première fois à quel point le paysage historique avait changé au fil du temps. Ils y ont trouvé une tablette d'argile représentant une carte de Nippur, avec l'emplacement exact du temple, des remparts de la ville et du fleuve Euphrate, incluant un canal qui avait été détourné pour alimenter la ville en eau.[98] La ville avait donc été construite au bord de l'eau, mais les changements de relief et la violence des inondations annuelles avaient modifié le cours du fleuve au fil du temps.

Les premières fouilles à Uruk ont été réalisées sous la direction de William Loftus, un explorateur britannique, entre 1850 et 1854. Des fouilles plus intensives ont eu lieu au début des années 1910 par la Société orientale allemande, dirigée par Julius Jordan. C'est à cette époque que le temple de Reš a été découvert, ainsi que les murs de Gilgamesh. Les

---

[98] McCown, D. E. (1952) "Excavations at Nippur, 1948–50." *Journal of Near Eastern Studies*, 11:3. 169 – 176. .

archéologues allemands sont retournés dans le sud de l'Irak à de nombreuses reprises avant et après la Seconde Guerre mondiale, mais en faisant des tranchées, une technique de fouille typique de cette période précoce de l'archéologie, et ils ont causé beaucoup de dégâts sur le site. Ils ont ainsi raté une grande partie des précieuses informations qui auraient pu être fournies par une étude minutieuse des relations stratigraphiques des nombreuses couches du tell. Les méthodes modernes de l'Institut archéologique allemand, qui a entrepris des fouilles à Uruk depuis le début du 21e siècle, ont été beaucoup moins préjudiciables et plus instructives. En utilisant des études géophysiques parallèlement à des fouilles limitées, c'est principalement à partir de ces recherches que la plupart des connaissances sur la ville ont été révélées.[99]

Loftus

    Les artefacts uniques offrent une source d'information très peu détaillée. Heureusement pour les archéologues, les habitants de la Mésopotamie n'avaient pas d'horaires ni de lieux

[99] van Ess, M. and Fassbinder, J. (2005) "Magnetic prospection of Uruk (Warka) Iraq." *La Prospection Géophysique: Dossiers d'Archeologie*, 308. 20–25

Une arche située à Ur

L'Ancien Testament est plein de récits sur les peuples bibliques que les archéologues et les biblistes ont confirmés comme étant des faits réels, et qui peuvent être profitables à la compréhension d'autres peuples et lieux de l'ancien Proche-Orient comme Ur. Dans le livre de la Genèse, le patriarche Abraham et sa famille sont décrits comme ayant vécu à Ur. On peut lire : « Et voici les générations de Térakh. Térakh engendra Abram, Nakhor et Haran. Et Haran engendra Lot. Et Haran mourut en présence de Térakh son père, au pays de sa naissance, à Ur des Chaldéens. Et Abram et Nakhor prirent des femmes pour eux. Le nom de la femme d'Abram était Saraï, et le nom de la femme de Nakhor, Milca, fille de Haran, père de Milca et père de Jisca. Et Saraï était stérile, elle n'avait pas d'enfants. Et Térakh prit Abram son fils, et Lot, fils de Haran, fils de son fils, et Saraï sa belle-fille, femme d'Abram son fils. Et ils sortirent ensemble d'Ur des Chaldéens pour aller au pays de Canaan, et ils vinrent jusqu'à Charan et y demeurèrent. » (Genèse. 11:27-31)

Ce passage relate certains aspects intéressants et importants d'Ur, à la fois en ce qui concerne son rayonnement parmi les peuples non-sumériens et sa localisation dans l'ancien Proche-Orient. Il est intéressant de noter que bien qu'Abraham et sa famille n'étaient pas sumériens, Ur est mentionnée dans le récit biblique comme leur premier foyer. De nombreuses villes de l'ancien Proche-Orient avaient des quartiers réservés aux étrangers : Memphis, en Égypte, a eu un quartier grec dans son histoire tardive et Alexandrie, toujours en Égypte, a été divisée par quartiers en fonction de l'ethnie, de sorte que l'idée de villes multiethniques n'était pas un concept étranger dans l'ancien Proche-Orient. Dans le cas d'Ur, c'était probablement un lieu d'accueil pour les populations pastorales non sumériennes qui campaient près des portes de la ville (Kitchen 2003, 316). Kitchen explique également que bien que d'autres villes du nom d'Ur aient existé, l' « Ur des Chaldéens » de la Bible faisait clairement référence à la ville sumérienne (Kitchen 2003, 316). Les Chaldéens étaient un peuple qui vivait dans le sud de la Mésopotamie et qui allait plus tard conquérir la plus grande partie de Babylone, y compris le royaume d'Israël, au cours des septième et sixième siècles avant notre ère. Donc, bien que la référence soit culturellement et chronologiquement incorrecte, elle était juste géographiquement.

En termes de repères géographiques contemporains, Ur était située à peu près à mi-chemin entre la ville actuelle de Bagdad et la pointe du golfe Persique, dans ce que l'on appelle aujourd'hui l'Irak (Woolley 1982, 12). Ur était une ville clé de cette région étendue connue sous le nom de « Croissant fertile », qui comprenait le Levant et la Mésopotamie. La Mesopotamie, ainsi nommée par les Grecs parce qu'elle signifie « la terre entre les deux fleuves », est une grande région qui comprend aujourd'hui les États de l'Irak et une partie de la Syrie, et qui se situe entre le Tigre et l'Euphrate. La Mésopotamie a été subdivisée en d'autres régions dans les temps anciens : L'Assyrie occupait l'extrême nord, Babylone et Akkad se trouvaient au centre, et Sumer, où se trouvait Ur, se situait à l'extrême sud. Ur était à quelques kilomètres au sud de l'Euphrate (Van de Mieroop 2007, 46), mais elle était reliée au fleuve et au reste de la région par des canaux qui ont été construits dès 6 000 ans avant notre ère (Van de Mieroop 2007, 13). Cette contrée particulièrement fertile produisait suffisamment de denrées alimentaires pour nourrir une population nombreuse, mais elle manquait de beaucoup d'autres ressources nécessaires à la construction de grands monuments.

Le riche sol alluvial de la Mésopotamie a permis de récolter de grandes quantités de céréales pour ses habitants, mais n'offrait pratiquement rien d'autre en termes de bois, de pierre ou d'autres matières premières précieuses comme l'or, l'argent et le lapis-lazuli (Kuhrt 2010, 1:21). L'absence de ces matériaux ne semble pas poser de problème pour bâtir une société rudimentaire, mais pour qu'une société puisse atteindre le niveau de développement suivant pour devenir une véritable civilisation, la construction de monuments est jugée essentielle par la plupart des anthropologues et historiens modernes. Au début du troisième millénaire avant notre ère, les Sumériens ont développé des réseaux commerciaux complexes qui reliaient la plupart des pays du Proche-Orient ancien et apportaient des denrées rares dans leurs villes comme Uruk et Ur (Van de Mieroop 2007, 35). Malgré l'afflux d'objets précieux à Ur, les Sumériens ont préféré construire la plupart de leurs grands monuments avec des briques de terre glaise plutôt qu'avec des pierres (Frankfort 1996, 18). La brique de terre est un matériau relativement facile à travailler et permet de réaliser de grands édifices, mais comme l'attestera le monument le plus impressionnant d'Ur, sa Ziggourat, la brique ne résiste pas aussi bien à l'épreuve du temps que la pierre. La plupart des grands monuments d'Ur n'ayant pas vraiment bien survécu, leur découverte est déjà un événement incroyable en soi.

Photographies de fouilles à Ur

La découverte d'Ur à l'époque moderne a suivi à peu près le même schéma que celui des autres cultures et villes antiques redécouvertes. Connue sous le nom de siècle des Lumières, la période du XVIIIe siècle a été le moment où les Européens de l'Ouest ont commencé à remettre en question la légitimité des monarchies, la religion officielle et la vie elle-même. Des philosophes tels que le Britannique John Locke et le Français Jean-Jacques Rousseau ont écrit des livres qui ont remis en question la nature du gouvernement et ont influencé les révolutions en Amérique et en France. Les Lumières ont également soulevé des idées telles que l'éducation populaire et contesté les idées dominantes autour de l'histoire. Avant les Lumières, la plupart des Européens considéraient les cultures de l'Ancien Testament comme les seuls peuples dignes d'être étudiés en dehors de la civilisation hellénique, mais l'attention accordée à ces cultures était au mieux superficielle. Les savants des Lumières ont donc commencé à considérer le passé de manière plus critique et ont estimé que le monde antique ne se limitait pas aux Grecs, aux Romains et aux peuples bibliques. Un chercheur spécialiste des Lumières a récemment ainsi résumé cette nouvelle attitude : « Les préoccupations du XVIIIe siècle se sont concentrées sur trois domaines principaux : le débat généré par l'idée d'une nature humaine "universelle" ; le débat associé sur la signification de l'histoire humaine ; et le débat généré sur la valeur et la nature de la civilisation. » (Outram 1995, 65)

Bien que peu de découvertes significatives concernant l'ancien Proche-Orient aient été faites au cours du XVIIIe siècle, les bases ont été jetées pour que des avancées archéologiques et historiographiques monumentales soient réalisées au XIXe siècle.

Le XIXe siècle a été le témoin du déchiffrement des hiéroglyphes égyptiens, grâce à la traduction de la pierre de Rosette, et d'une pléthore d'autres découvertes au Proche-Orient. Les royaumes des Assyriens et des Hittites ont été redécouverts et la ville perdue d'Ur a été retrouvée enterrée sous un monticule de terre et de décombres. En 1853, l'archéologue britannique J.E. Taylor parcourait l'Irak, à la recherche d'anciennes ruines mésopotamiennes et de pièces archéologiques destinées au British Museum, lorsqu'il découvrit un grand monticule près de l'Euphrate. Après quelques recherches, Taylor a creusé le monticule et a rapidement compris qu'il venait de découvrir la cité perdue d'Ur, l' « Ur des Chaldéens » mentionnée dans la Genèse (Woolley 1982, 12). La mise au jour de Taylor a ouvert la voie à d'autres archéologues britanniques qui ont pu réaliser des fouilles majeures à Ur ; par exemple, W.K. Loftus a exhumé un mur couvert de mosaïques et de nombreux petits objets au cours du XIXe siècle (Woolley 1982, 37). Les recherches archéologiques les plus importantes effectuées à Ur ont été menées par l'Anglais Leonard Woolley, qui a commencé les excavations de la ville en 1922 et a terminé ses travaux relatifs à la nécropole, dont nous parlerons plus en détail ci-dessous, en 1929 (Woolley 1982, 24). Woolley a introduit à Ur des techniques archéologiques modernes qui sont encore utilisées aujourd'hui et a avancé l'hypothèse selon laquelle le déluge biblique et celui décrit dans l'épopée de Gilgamesh étaient un seul et même récit (Woolley 1982, 32). La théorie de Woolley sur le déluge était qu'il s'agissait d'un phénomène isolé et que la manière dont il est décrit à la fois dans Gilgamesh et dans l'Ancien Testament est « une exagération irréelle d'un risque naturel très réel à Sumer » (Woolley 1982, 34). La théorie de Woolley sur les inondations localisées a été au moins partiellement confirmée par des études récentes attestant que le littoral du golfe Persique se trouvait autrefois considérablement plus à l'intérieur des terres, à peu près à l'endroit où se trouve Ur (Pollock 1999, 30).

Photographie d'Alma Guiness d'une peinture murale découverte à Ur

Étendard de guerre trouvé à Ur

Chapitre 3 : Ur et la Période Dynastique Archaïque (environ 2900-2500 avant notre ère)

Comme nous l'avons dit plus haut, l'histoire des débuts d'Ur était inexorablement liée à celle des Sumériens, mais lorsque ces derniers ont consolidé leur pouvoir dans le sud de la Mésopotamie, ils ont consacré la majeure partie de leur énergie à la construction de la ville d'Uruk, au nord d'Ur. Uruk est devenue la capitale culturelle des Sumériens à ce stade primitif, lorsque les premiers écrits et les premières formes d'art sumérien se sont développés dans la ville (Kuhrt 2010, 1:23). Les fouilles d'Ur montrent que, bien que la ville ait existé au début de la période dynastique, peu de monuments importants ont été produits avant 2500 avant notre ère, ce qui ne veut pas dire que la ville était sans importance. Environ 280 tablettes ont été exhumées à Ur, datées d'environ 2800 avant J.-C. (Van de Mieroop 2007, 42) et l'étude de ces textes a révélé que la ville était un centre religieux dès les premiers temps. Selon les anciennes croyances religieuses mésopotamiennes, chaque ville était la demeure d'un dieu spécifique (Van de Mieroop 2007, 45). Ur était la demeure de la dyade divine Nanna et Ningal, qui deviendront plus tard d'importantes divinités mésopotamiennes dans d'autres villes. En fait, il semble que l'ascension lente mais constante d'Ur puisse être directement liée à l'importance de Nanna et Ningal. Bien que peu de vestiges archéologiques d'Ur ont pu être datés de façon certaine du début de la période dynastique, les restes d'un certain nombre d'édifices religieux ont été dégagés (Woolley 1982, 46). L'existence de ces bâtiments indique que le culte de Nanna et Ningal a commencé très tôt à Ur, comme nous le verrons plus en détail ci-dessous, et que la ville a continué à être un pôle religieux majeur pendant plus de deux mille ans, sous le règne de plusieurs dynasties différentes.

Un autre exemple de l'importance religieuse d'Ur au début de la période dynastique est la grande nécropole que Woolley a découverte lors de ses fouilles de la ville. Woolley a daté les origines de la nécropole d'Ur au début de la période dynastique, laquelle renfermait les sépultures d'un certain nombre de nobles seigneurs bien identifiés (Woolley 1982, 51). L'existence de la grande nécropole d'Ur soulève d'importantes questions sur l'ancienne religion mésopotamienne, que nous allons approfondir plus loin. Elle démontre également que, bien qu'Ur n'ait peut-être pas été aussi importante politiquement qu'Uruk à cette époque, les Sumériens attachaient une signification religieuse et spirituelle particulière à la cité. Alors qu'Ur poursuivait sa lente mais constante ascension sous les Sumériens au début de la période dynastique, la région fut soudainement plongée dans la tourmente lorsqu'une nouvelle dynastie de la région d'Akkad au nord de Sumer arriva au pouvoir.

Le pouvoir d'Uruk et des Sumériens a été contesté par un nouveau groupe sémite appelé les Akkadiens, qui étaient dirigé par un roi imposant nommé Sargon (2340-2284 av. J.-C.). Bien que Sargon et les Akkadiens aient fait de leur langue la *lingua franca* de Mésopotamie et plus tard de la diplomatie dans tout le Proche-Orient (Kuhrt 2010, 1:46), ils ont conservé la continuité culturelle sumérienne dans toute la région en grande partie, y compris en protégeant les importants temples d'Ur. Sargon a notamment installé sa fille comme grande prêtresse, ou *entu*, du dieu de la lune Nanna à Ur (Van de Mieroop 2007, 66), ce qui démontre une fois de plus l'importance religieuse durable de la ville. Les souverains akkadiens ultérieurs ont également placé leurs filles comme grandes prêtresses de Nanna à Ur, ce qui s'est avéré être tout autant motivé par des considérations politiques que religieuses (Van de Mieroop 2007, 66). Les Akkadiens, qui étaient techniquement des outsiders parmi les Sumériens, ont réalisé que pour être acceptés comme souverains légitimes, ils devaient pratiquer les cultes des grandes cités sumériennes comme Ur.

Les Akkadiens ont réussi pendant une période considérable à intégrer toute la Mésopotamie du Sud sous leur domination, mais leur dynastie a finalement été renversée, au moins partiellement par une horde barbare connue sous le nom de Gutiens (Kuhrt 2010, 1:56-57). La présence des Gutiens en Mésopotamie du Sud s'est avérée éphémère, bien que des textes de la fin de la troisième dynastie aient attribué leur règne de terreur au dieu Enlil en colère qui, selon les Sumériens, était négligé par les Akkadiens (Kuhrt 2010, 1:57). Après l'effondrement de la dynastie akkadienne et le retrait des Gutiens vers leur montagne natale à l'est, la situation politique en Mésopotamie du Sud a retrouvé son état antérieur à l'arrivée au pouvoir des Akkadiens ; un patchwork décentralisé de cités-États concurrentes. La situation a toutefois duré peu de temps, et après la mise en place d'un nouvel ordre, Ur s'est retrouvée au sommet de sa gloire.

réguliers pour se débarrasser de leurs déchets ménagers. Au lieu de cela, ils les jetaient simplement dans les rues de la ville, laissant ainsi d'énormes quantités de débris à la disposition des archéologues pour qu'ils les fouillent et les étudient, très près des endroits de leur utilisation. La répartition des poteries en surface a été analysée pour indiquer où les gens ont pu vivre dans le passé. Il existe également une multitude de sources textuelles offrant des perspectives historiques uniques sur la vie contemporaine à Uruk. Tout comme les débris de céramique, qui sont généralement situés dans les villes d'où ils proviennent, car les envahisseurs préféraient emporter des objets précieux en or ou en argent à la place. Le cunéiforme était utilisé pour de nombreuses langues et lorsque les tablettes étaient cuites, les écrits étaient bien conservés. Des inscriptions et des gravures sur des matériaux périssables ont peut-être aussi existé, mais elles n'ont pas subsisté.

Au fil du temps, l'attention des archéologues de la région s'est détournée de son orientation traditionnelle axée sur les éléments temporels pour se concentrer sur les analyses détaillées des relations stratigraphiques afin de révéler des séquences chronologiques d'événements sur une petite zone. La prospection, à la fois intensive et extensive, est devenue la méthode prédominante utilisée pour explorer l'ensemble de la région. En considérant les caractéristiques horizontales et spatiales du paysage, les archéologues ont pu obtenir une image neuve et passionnante du passé. Alors que les photographies aériennes se sont avérées d'une utilité limitée au Proche-Orient, n'ayant jamais été faites de manière systématique, les archéologues ont, au cours des dernières décennies, utilisé l'imagerie satellite, comme les images déclassifiées du satellite CORONA et le récent logiciel Quickbird. Les images et les fouilles CORONA se sont avérées très efficaces pour l'étude des routes commerciales antiques en particulier. Bien qu'elles soient trop anciennes pour être utilisées à des fins de renseignement, elles fournissent aux archéologues des images prises de manière systématique dans les années 1960 et 1970, ce qui permet de conserver une image du paysage d'époque.[100] Ceci est particulièrement important en raison des effets du développement et de la modernisation de la région, car le paysage actuel a été considérablement modifié par l'expansion des villes et de l'agriculture intensive et motorisée, comme en témoigne, par exemple, la ville de Tell Brak dans le bassin du Khabour.[101]

La découverte de la civilisation mésopotamienne a été exceptionnelle, car elle a permis aux chercheurs de se rendre compte progressivement qu'une société extrêmement diverse et très développée, complexe, existait autrefois dans un monde dont ils n'avaient pas conscience en dehors de ce qui était décrit dans la Bible. Beaucoup de gens croyaient que la civilisation avait commencé avec les Grecs, mais ce que les archéologues ont découvert dans les sables d'Irak est la preuve que quelque chose existait bien avant ces derniers, et a influencé le développement de la civilisation classique.

Plusieurs textes contemporains font référence au tempérament sumérien. Connaissant les nombreux dangers de la nature, il n'est pas étonnant qu'ils soient décrits comme conscients de

---

[100] Ur, J. (2003) "CORONA Satellite Photography and Ancient Road Networks: A Northern Mesopotamian Case Study." *Antiquity* 77: 102-115

[101] Ur, J. (2007)" Agricultural and Pastoral Landscapes in the Near East: Case Studies using CORONA Satellite Photography." *ArchAtlas (*http://www.archatlas.dept.shef.ac.uk/workshop/Ur07.php)

la brièveté et de la fragilité de la vie. Les travaux de construction qu'ils ont entrepris et les bas-reliefs qu'ils ont laissés (certains dessins montrent des hommes se détendant et/ou buvant de la bière dans de grands récipients à l'aide de pailles), indiquent l'immense réussite d'un peuple qui vivait dans un environnement terriblement hostile, mais qui lui a inspiré ses plus beaux mythes.

C'est leur histoire que la Bible raconte. Comme les bâtisseurs de la tour de Babel, les hommes et les femmes d'Uruk ont fini par être dispersés partout sur la terre. L'eau, que la ville craignait et sur laquelle elle comptait, a entraîné sa propre destruction. Et après avoir maîtrisé les crues de l'Euphrate pendant des milliers d'années, les habitants d'Uruk ont finalement été emportés par l'histoire.

Pendant très longtemps, on ne savait pas grand-chose de la vie à Uruk, mais dans le désert aride qui entoure le site, on a retrouvé les traces d'un ancien temps. Peut-on vraiment parler du déclin, et encore plus de la disparition, d'une civilisation ? À bien des égards, parler du « déclin » des Sumériens est incorrect. Leur civilisation a atteint son apogée après avoir réalisé beaucoup de choses merveilleuses et donné naissance à de remarquables individus, et leurs inventions, philosophies et histoires n'ont jamais disparu. Au contraire, leur culture a été transmise à travers les âges, d'abord en l'Anatolie par les Grecs et les Perses, puis dans tout le monde méditerranéen. Le monde classique a, quant à lui, hérité des réalisations de la civilisation mésopotamienne sans en connaître les origines. Finalement, les habitants d'Uruk ont laissé en héritage à l'humanité leurs richesses, les traces de leur génie créatif et un certain sens de l'extraordinaire fragilité des civilisations.

Ur

Chapitre 1 : Une Inspiration pour la Mésopotamie

Une tablette datant de la troisième dynastie

La troisième dynastie d'Ur, désignée par les chercheurs modernes sous le nom d'Ur III, est une période où la ville est devenue le point central de l'histoire mésopotamienne et où ses souverains ont réintroduit l'utilisation du sumérien dans les textes administratifs et religieux (Kuhrt 2010, 1:58-59). C'est sous la dynastie d'Ur III que *L'Épopée de Gilgamesh* a probablement été mise par écrit pour la première fois (Sandars 1972, 8), mais surtout, les textes de l'époque qui subsistent donnent une image assez claire de la composition de l'État et du nombre nécessaire de personnes pour le faire fonctionner. Par exemple, quelques textes d'Ur III détaillent l'immense quantité de main-d'œuvre utilisée pour les projets de construction, tels que les ziggourats et les canaux d'irrigation. Les canaux étaient particulièrement complexes et les parcelles agricoles qu'ils alimentaient étaient spécifiquement délimitées et appropriées. Les dirigeants d'Ur ont lancé une stratégie de rotation des cultures sur trois champs, dans laquelle les parcelles étaient semées, récoltées et laissées en jachère selon un rythme cyclique (Kuhrt 2010, 1:60).

C'est également sous la IIIe dynastie qu'Ur est devenue un pôle commercial important et a fini par éclipser Uruk. Les textes indiquent qu'Ur était l'un des plus importants centres textiles de Mésopotamie à cette époque ; les femmes et les enfants travaillaient dans des ateliers qui confectionnaient des vêtements et des couvertures en laine et en lin, exportés dans tout le Proche-Orient (Kuhrt 2010, 1:60). La métallurgie est également devenue une industrie importante à Ur sous la IIIe dynastie, et les dirigeants de la ville exportaient ces matériaux, comme ils le faisaient pour les textiles, et les utilisaient également pour fabriquer des armes. Les tablettes cunéiformes de la période d'Ur III démontrent que toute l'activité économique de la ville était fortement centralisée, mais que les caravanes commerciales étaient menées par des marchands indépendants (Kuhrt 2010, 1:61). La centralisation de l'économie d'Ur est illustrée par le système normalisé de poids et mesures utilisé pendant Ur III. Les chercheurs actuels soutiennent que le caractère centralisé de l'économie d'Ur III est peu compatible avec un système de troc simple. Le troc était probablement utilisé pour les petites transactions personnelles, mais pour les plus grosses opérations, qui étaient contrôlées par l'État, une sorte de système standard devait exister. Les bobines métalliques en or, argent, bronze et cuivre découvertes à Ur sont considérées par de nombreux spécialistes comme une sorte de poids et de proto-monnaie standardisés (Kuhrt 2010, 1:61). Si cette hypothèse est exacte, alors la proto-monnaie d'Ur est antérieure de plus de 1 500 ans aux pièces utilisées par les Perses. Les tablettes qui concernent l'activité agricole et économique à Ur sont vraiment instructives, de même que ces textes fournissent de nombreuses informations sur la composition de l'État d'Ur III.

Les documents administratifs de la IIIe dynastie d'Ur étaient extrêmement bien organisés et complexes, et très semblables à ceux de l'État contemporain d'Égypte antique. Comme l'Égypte, l'État d'Ur III était divisé en un certain nombre de provinces qui étaient administrées par des gouverneurs connus sous le vocable sumérien d'*ensi*. Chaque *ensi* était probablement issu de l'élite ou de la noblesse locale (Kuhrt 2010, 1:61), ce qui signifie que les rois d'Ur pouvaient consacrer leur temps et leurs ressources à des questions telles que la diplomatie et le commerce plutôt que de passer leur temps à parcourir les provinces périphériques. Dans l'ensemble, le système a plutôt bien fonctionné, probablement en partie parce que l'administration de l'*ensi* se faisait parallèlement avec celle de l'armée. Chaque province avait au moins un général et certaines, comme la province d'Umma, avaient plusieurs généraux et un seul *ensi* (Van de Mieroop 2007, 77). Les généraux n'ont jamais été natifs des régions où ils officiaient et, bien que souvent d'origine non-sumérienne, ils demeuraient toujours fidèles à Ur (van de Mieroop 2007, 77). Si un *ensi* avait l'audace de se rebeller contre Ur, il devait d'abord affronter le ou les généraux qui gardaient la province. Les textes administratifs montrent que si les *ensi* et les généraux étaient indispensables à l'État d'Ur III, la fonction la plus importante après le roi était celle de *sukkalmah*.

Le *sukkalmah* peut être décrit comme un chancelier royal ou un vice-roi qui représentait les intérêts d'Ur III en dehors des frontières de la cité (Van de Mieroop 2007, 79). Il ordonnait aux généraux de collecter le tribut des provinces et fixait le montant que chaque localité devait payer (Van de Mieroop 2007, 79). Le *sukkalmah* était également chargé de superviser et d'administrer les zones marécageuses d'Ur III où il n'y avait pas de véritables provinces à proprement parler ni d'ordre public (Kuhrt 2010, 1:61). Les documents montrent également que, bien qu'Ur ait été la capitale de la dynastie, d'autres cités sumériennes, telles qu'Uruk, Nippur et Eridu, ont continué à jouer un rôle important, notamment dans le domaine religieux et cérémoniel (Kuhrt 2010, 1:64).

L'art de la diplomatie a également été utilisé à un niveau très sophistiqué par les souverains d'Ur III. Bien qu'aucune trace des traités ou des correspondances officielles avec d'autres États n'ait été retrouvée, un petit nombre des textes administratifs peut quand même nous aider à brosser un tableau sur la façon dont les rois d'Ur menaient leurs affaires. Il en ressort que ces rois planifiaient les événements diplomatiques pour qu'ils coïncident avec les fêtes religieuses, et celui qui organisait toutes les réunions diplomatiques était le *sukkalmah* (Sharlach 2005, 17-18). Le *sukkalmah*, qui, en cette qualité, fonctionnait de la même manière que le secrétaire d'État moderne, aidait à établir les itinéraires des diplomates et des émissaires étrangers qui souhaitaient voir les rois d'Ur. Chaque festivité était un moyen de renouveler le droit divin du roi à régner sur la cité. Par conséquent, il importait que les dignitaires étrangers assistent à ces événements (Sharlach 2005, 22).

Chapitre 5 : Autres Monuments et Événements à Ur durant La Troisième Dynastie

Les progrès administratifs réalisés à Ur sous la IIIe dynastie sont très impressionnants, mais un certain nombre de monuments incroyables ont aussi été construits dans la ville à la même époque. Ur était la capitale de la dynastie et le foyer de la culture mésopotamienne à la fin du troisième millénaire avant notre ère, les vestiges de ces édifices ont survécu jusqu'à nos jours. Parmi les monuments les plus impressionnants de la période d'Ur, toujours debout, on trouve la Ziggourat d'Ur.

La Ziggourat d'Ur représente une étape essentielle dans la longue tradition de construction de monuments religieux en Mésopotamie. La ziggourat était une tour intégrée au temple de la cité, supposée représenter une montagne, considérée comme la demeure du dieu ou de la déesse à qui le sanctuaire était dédié (Frankfort 1996, 20-21). En effet, les ziggourats étaient principalement conçues en briques de terre, ce qui veut dire que la plupart n'ont malheureusement pas résisté à l'épreuve du temps. Ces édifices grandioses ont d'abord été érigés par les Sumériens, mais les souverains de Mésopotamie qui leur ont succédé, notamment les Babyloniens, les Élamites, les Assyriens et les Néo-Babyloniens, en ont tous édifié. D'ailleurs, la ziggourat la mieux préservée a été construite par le roi élamite Untash-Napirisha (vers 1340-1300 avant notre ère) près de l'antique ville iranienne de Suse. La ziggourat d'Untash-Napirisha a été construite avec des millions de briques de terre. Les briques de la partie intérieure ont été séchées au soleil, tandis que les briques extérieures ont été cuites, ce qui a sans doute nécessité une quantité considérable de combustible (Van de Mieroop 2007, 186). La ziggourat d'Ur est faite des mêmes matériaux avec probablement la même méthode de construction que la ziggourat d'Untash-Napirisha, mais elle a été réalisée près de mille ans plus tôt, ce qui rend la plupart de ses éléments encore plus impressionnants.

La Ziggourat d'Ur a été construite par le premier roi de la IIIe dynastie, Ur-Nammou (vers 2112-2095 avant notre ère) pour le dieu sumérien de la lune et principale divinité d'Ur, Nanna (Kuhrt 2010, 1:64). Aujourd'hui, seul le niveau inférieur de la ziggourat est conservé, mais d'après la structure des autres ziggourats connues, il devait y avoir trois niveaux qui ont nécessité une immense main-d'œuvre (Kuhrt 2010, 1:64), peut-être même autant que pour la construction des grandes pyramides de Gizeh. La ziggourat d'Ur, comme toutes les autres d'ailleurs, même si elle ressemblait vaguement à une pyramide, fonctionnait de manière très différente. Les ziggourats, comme nous l'avons déjà mentionné, faisaient partie des temples mésopotamiens, tandis que les pyramides égyptiennes faisaient office de tombeaux.

1972, 122-24). Comme Nanna et Ningal occupaient la première place dans la vie spirituelle d'Ur, le grand complexe de temples de la cité a été dédié à ce couple ainsi qu'à un fidèle cortège de prêtres et de prêtresses.

Le terme sumérien pour désigner les prêtres de la IIIe dynastie d'Ur était *en* et l'équivalent féminin pour prêtresse était *entu*. Des documents administratifs révèlent que les prêtres *en* possédaient un pouvoir politique et économique immense non seulement à Ur, mais également dans toute la Mésopotamie du Sud (Sharlach 2007, 70). Les prêtresses *entu* ont aussi exercé autant, sinon plus, de pouvoir et ont été très influentes dans la vie religieuse d'Ur pendant et après la IIIe dynastie. La religion étant étroitement liée à tous les aspects de la vie dans l'ancienne Mésopotamie, toute personne ayant une position religieuse importante avait une grande influence dans la cité. En fait, les prêtresses *entu* étaient tellement indispensables à l'intégrité culturelle de la ville que les dynasties conquérantes ultérieures ont continué à entretenir cette institution religieuse, comme nous le verrons plus loin.

La prêtresse *entu* vivait dans une aile spéciale du temple de Nanna-Ningal appelée *giparu*. Bien que ces prêtresses résidaient dans le *giparu*, ce n'était pas une vie cloîtrée, et des éléments montrent qu'elles participaient à la vie quotidienne de la cité tout comme les autres habitants (Sharlach 2007, 70). En plus d'héberger les prêtresses, le *giparu* était également le lieu où les femmes accomplissaient les rituels quotidiens associés au culte (Weadock 1975, 101). La femme qui était nommée prêtresse en chef, ou *entu*, jouissait d'un pouvoir immense sous ce titre, mais elle avait aussi de nombreuses responsabilités à remplir, telles que les fonctions quotidiennes mentionnées plus haut et, dans une certaine mesure, elle représentait la volonté politique de la personnalité qui l'avait désignée. Les prêtresses du *giparu* étaient spécialement choisies pour ce rôle de premier ordre et devaient être de sang royal, ce qui, sous la IIIe dynastie, signifiait généralement qu'elles étaient filles ou sœurs du roi (Weadock 1975, 101). La pratique des rituels quotidiens était, bien sûr, très importante, mais la véritable dimension religieuse des prêtresses du *giparu* était plus symbolique : ces femmes étaient considérées comme les épouses humaines du dieu Nanna et remplissaient donc le rôle temporel de Ningal (Weadock 1975, 101). La pratique du mariage divin par des prêtresses n'était pas inconnue dans l'ancien Proche-Orient - les Égyptiens avaient une institution religieuse similaire au *giparu*, désignée sous le nom d'Épouse du dieu Amon - mais les femmes du *giparu* d'Ur sont les plus anciennes représentantes de cette pratique au monde. Ces prêtresses faisaient généralement leur travail à l'abri des regards (1975, 103). Après la IIIe dynastie, sous la première dynastie d'Isin (environ 2017-1739 avant notre ère) et celle des Larsa (environ 1793-1763 avant notre ère), un sous-culte s'est développé au sein du complexe Nanna-Ningal, où les *entus* étaient vénérés même après leur mort (Weadock 1975, 104). Le *giparu* et les prêtresses qui y vivaient faisaient partie intégrante de la vie religieuse d'Ur, et jouaient également un rôle économique et politique dans la cité.

Les fouilles archéologiques ont révélé que la structure du *giparu* a subi de nombreuses transformations - depuis le début de la période dynastique et jusqu'à la période néo-babylonienne - elle a été successivement construite, détruite et reconstruite plusieurs fois (Weadock 1975, 101). Le fait que cet édifice ait reçu autant d'attention, à différentes époques, et par plusieurs dynasties, indique clairement qu'il a servi de centre politique majeur autant que religieux. Bien qu'une certaine forme de *giparu* ait pu exister à Ur dès le début de la période dynastique, c'est sous la IIIe dynastie qu'il a acquis son véritable pouvoir politique. Le bâtiment a été agrandi, ou peut-être même qu'un tout nouvel édifice a été construit, sous le règne d'Ur-Nammou, et c'est durant celui de ses successeurs que le culte a acquis une signification politique (Weadock 1975, 107). Les prêtresses *entu* pouvaient notamment exercer leur pouvoir grâce aux vastes domaines qui appartenaient à Nanna et Ningal et donc au *giparu* (Weadock 1975, 103). En effet, dans l'ancien Proche-Orient, la plupart des terres appartenaient soit au roi, soit aux différents dieux et déesses de chaque royaume. Comme les divinités ne pouvaient pas collecter les impôts et les redevances pour l'exploitation de leurs terres, les prêtres et les prêtresses du culte le faisaient. Les cultes de Nanna et de Ningal étant les plus importants à Ur, ils étaient donc les plus riches. L'influence du *giparu* à Ur a duré des centaines d'années, mais a connu plusieurs interruptions. Les recherches ont également révélé que le bâtiment a subi un revers particulièrement coûteux et destructeur lorsque les Élamites ont attaqué et saccagé la cité, ce qui mis fin à la IIIe dynastie (Weadock 1975, 107).

Chapitre 6 : La Fin de la IIIème Dynastie et la Destruction Temporaire d'Ur

Aussi puissante qu'ait été la troisième dynastie, elle n'a pas réussi à contenir les populations voisines à l'est de la Mésopotamie, en particulier un groupe appelé les Élamites qui a fait irruption dans la région. Bien plus tard, les Élamites ont construit leur propre royaume avec son impressionnante architecture et ses œuvres d'art, mais vers 2000 avant notre ère, ils n'avaient d'intérêt que pour le pillage. Outre les preuves archéologiques qui montrent un grand niveau de destruction du site à la fin d'Ur III, de nombreux textes cunéiformes compilés ultérieurement déplorent le saccage de la ville. L'un des textes les plus connus est celui-ci : « Sa cité vertueuse a été détruite - amère est sa lamentation. Sa cité d'Ur a été détruite - amère est sa lamentation. Ta lamentation qui est amère - Ô ville, prépare ta lamentation. . . Les Subartu et les Élamites, les destructeurs en ont fait trente sicles (shekels). Ils ont brisé la maison des vertueux avec une pioche ; le peuple gémit. Ils ont réduit la ville en ruines, le peuple gémit. Une dame crie : "Hélas, pour ma ville", "Hélas, pour ma maison". Ningal crie : "Hélas, pour ma ville", crie "Hélas, pour ma maison". Quant à moi, la femme, ma ville a été détruite, ma maison aussi a été détruite ; O Nanna, Ur a été détruite, son peuple a été dispersé. » (Pritchard 1992, 455-461)

En termes historiographiques, le texte est important, car il attribue une grande partie de la destruction d'Ur aux Élamites, lesquels appartenaient en réalité à un royaume appelé Shimashki, désigné dans cet extrait par le terme de « Subartu » (Van de Mieroop 2007, 83). Le texte est également intéressant sur le plan archéologique, car il confirme les traces de destruction découvertes à Ur sous forme de strates calcinées, et il nous en apprend beaucoup sur le plan religieux. Les implications religieuses de la destruction d'Ur seront abordées plus loin, et les causes qui ont conduit au déclin de la cité doivent être d'abord prises en compte.

Bien que l'on attribue aux Élamites et aux Subartu la destruction de la cité d'Ur et de la troisième dynastie, de nombreux facteurs ont également mené à son déclin. L'histoire démontre que les sociétés fortes sont toujours capables de repousser les envahisseurs, surtout lorsqu'ils sont moins avancés technologiquement, donc pour comprendre la destruction d'Ur, il faut aussi tenir compte de facteurs internes à la société d'Ur III. Les chercheurs soulignent que l'une des plus grandes forces d'Ur, son économie, a également fini, dans une certaine mesure, par participer à son déclin. Aussi efficace que l'économie d'Ur III ait été par rapport aux provinces périphériques qui lui payaient un tribut, ces mêmes provinces ont souvent fonctionné de manière indépendante et quelquefois même conjointement avec les ennemis d'Ur (Van de Mieroop 2007, 82). Le caractère confédéral de l'économie d'Ur III semblait bien fonctionner lorsque l'État était fort, mais les différentes provinces qui constituaient ce dernier n'étaient pas prêtes à lui prêter main forte lorsqu'Ur était menacée. Sous le règne du dernier roi d'Ur III, Ibbi-Sin (vers 2028-2004), de nombreuses provinces périphériques avaient commencé à affirmer leur indépendance politique et économique.

Les problèmes politiques de la IIIe dynastie ont probablement commencé sous le règne de Shou-Sin (vers 2037-2029), mais la crise a pris des proportions importantes sous le règne d'Ibbi-Sin (Kuhrt 2010, 1:70). Plusieurs provinces ont cessé de payer leurs impôts et les scribes de certaines des villes les plus importantes sous le contrôle d'Ur - Umma, Girsu et Nippur - ont cessé de dater les documents sous le nom d'Ibbi-Sin (Van de Mieroop 2007, 82). Dans l'ancien Proche-Orient, la datation et la chronologie se faisaient selon les listes des rois et leurs annales et, comme pour la plupart des choses à cette époque, elles étaient liées à la religion. En effet, le roi d'Ur était désigné par les dieux. Aussi, lorsque les scribes ont cessé d'utiliser les noms royaux pour dater les documents, cela démontre que les villes de Mésopotamie ont commencé, peu à peu, à perdre leur respect pour les dirigeants politiques d'Ur.

Une lettre de correspondance entre deux fonctionnaires d'Ur III résume bien la situation : « Après que vous ayez parlé à Ibbi-Sin, mon roi, voici ce que déclare Isbi-Erra, votre serviteur : "On m'a ordonné d'acheter de l'orge. L'orge a une valeur de 1 (shekel d'argent) par kor d'orge (et) 20 talents d'argent ont été fournis pour l'achat d'orge. Des rapports indiquent que des Martu (Amorites) hostiles sont entrés sur votre territoire et j'ai apporté 72 000 kor d'orge, la totalité de l'orge, à Isin. Maintenant, les Martu ont totalement pénétré les terres de Sumer (et) ont pris toutes les forteresses qui s'y trouvent. À cause des Martu, je ne peux pas donner l'orge à battre. Ils sont plus forts que moi. Je risque d'être capturé. Que mon roi fasse préparer 600 bateaux de transport d'une capacité de 120 kor... J'assumerai (la protection de) l'endroit où les bateaux accostent, et ainsi toute (?) l'orge pourra être stockée (et) transférée dans sa totalité. À supposer que vous laissiez l'orge trop diminuer, je devrais vous faire apporter l'orge. Mon roi, l'Élamite est devenu âpre au combat, ses rations d'orge sont bientôt terminées, vous ne devez pas relâcher vos efforts, vous ne devez pas vous empresser de devenir son serviteur, et vous ne devez pas lui courir après ! De l'orge pour 15 ans : les provisions du palais et de la ville sont toutes entre mes mains. La garde d'Isian et de Nibru, mon roi, je m'en charge ! Puisse mon roi le savoir !" » (Kuhrt 2010 : 1:70-71).

Le manque de céréales a mis Ibbi-Sin et Ur dans une situation très précaire, non pas seulement parce que le roi n'était pas en mesure de nourrir la population, mais parce qu'il ne pouvait plus non plus payer ses troupes pour protéger la ville. La raison pour laquelle Ur a manqué de céréales à cette époque n'est pas claire ; cela est peut-être lié aux provinces périphériques qui ont affirmé leur indépendance et ont refusé de payer les taxes sur les céréales, ou bien il y a pu y avoir une famine ou une sécheresse (Van de Mieroop 2007, 83), ou plus probablement plusieurs facteurs y ont contribué. La quête de réponses sur les raisons du déclin d'Ur ne semble que susciter davantage de questions, mais par la suite, les habitants de la cité ont clairement rejeté la faute sur leurs prédécesseurs.

Quand on observe la plupart des textes cunéiformes existants qui se rapportent à la destruction d'Ur, ils sont pleins de références religieuses. Dans la plupart de ces textes, il est soit sous-entendu, soit déclaré de manière assez explicite qu'Ur a tant souffert, car ses habitants n'ont pas célébré correctement les divinités sumériennes. On peut lire dans l'un de ces textes :

« Que la royauté soit arrachée à la terre,

Qu'elle soit placée face à un sol hostile,

Qu'en accord avec le commandement d'An (et)

Enlil, " la loi et l'ordre " cessent d'exister –

(Tout cela s'est passé) après qu'An ait renié toutes les

Terres,

Après qu'Enlil ait mis son visage (amical) face à un hostile

Sol,

Après que Nintu se soit prosternée devant ses (propres) créatures,

Après qu'Enki ait renversé (le cours du) Tigre

(et) l'Euphrate,

Après la malédiction d'Utu sur les chemins (et les routes...

An, Enlil, Enki, (et) Ninhursag ont décrété (comme) son destin –

Le sort qu'ils ont décrété ne peut être changé...

Enlil a terrassé Élam, l'ennemi, depuis la montagne,

Il a assigné Nanshe, la fille princière, à résidence

dans une ville inconnue,

Il a mis Ninmar au feu dans son sanctuaire

Photographies de l'escalier principal de la ziggourat

La Ziggourat est de loin la plus impressionnante de toutes les œuvres qui ont été créées à Ur, mais un certain nombre d'autres réalisations importantes ont été accomplies dans la ville et doivent être mises en lumière. L'ambition dont était animé Ur-Nammou en matière de construction n'avait d'égal que son désir d'étendre la domination d'Ur, ce qui a conduit à sa perte sur le champ de bataille (Kuhrt 2010, 1:63). Shulgi (ca. 2094-2047) lui succéda, qui acheva la Ziggourat d'Ur et rédigea l'un des premiers codes de loi au monde (Kuhrt 2010, 1:64). Les dirigeants de la IIIe dynastie ont eu des règnes importants et ambitieux, ils ont étendu l'influence de leur cité, développé une bureaucratie complexe et construit de grands monuments, et les recherches archéologiques menées par Woolley et d'autres chercheurs ont fourni de précieux renseignements sur la religion à Ur, notamment sur la façon dont les souverains sont morts.

L'une des découvertes archéologiques les plus intrigantes et les plus intéressantes d'Ur est sa vaste nécropole. La présence d'une nécropole, soit un ensemble de tombes, sur un site archéologique antiqu du Proche-Orient n'est pas rare - de nombreuses nécropoles ont été mises au jour en Égypte et les tombes des souverains perses achéménides ont été découvertes et étudiées, mais ce qui fait l'importance de la nécropole d'Ur est qu'elle offre aux chercheurs une perspective nouvelle sur la conception mésopotamienne de la vie après la mort qui reste par ailleurs inconnue. En fait, la nécropole d'Ur n'a d'équivalent nulle part en Mésopotamie

(Woolley 1982, 87), qui est une région qui regroupe un ensemble de cultures que beaucoup considèrent comme dépourvues de toute croyance en l'au-delà. Il n'existe aucun texte rituel religieux mésopotamien, d'aucune période ou culture de la région, qui concerne la vie après la mort ou le passage vers l'au-delà, comme il en existe d'innombrables en Égypte à la même époque. Le texte qui se rapproche le plus de la notion de vie après la mort se trouve dans l'Épopée de Gilgamesh, mais il s'agit d'un mythe et non d'un rituel ou d'un livre destiné à guider les gens (Sandars 1972, 30). Cependant, dans l'Épopée, les dieux apprennent à Gilgamesh que « la vie éternelle n'est pas votre destin »(Sandars 1972, 70) et donc que l'immortalité n'est pas destinée aux humains. Tout cela rend la nécropole d'Ur d'autant plus importante et mystérieuse.

Les sépultures d'Ur s'étendent sur une période de plus de deux mille ans, depuis le début de la période dynastique et probablement jusqu'à Alexandre le Grand (vers 330 avant notre ère), lorsqu'Ur fut définitivement abandonnée (Porada 1960, 228). Woolley a dégagé environ 2 000 tombes parmi lesquelles il a identifié celles de seize souverains et nobles de la ville (Woolley 1982, 54). La plupart de ces tombes étaient similaires et consistaient en un puits rectangulaire de 1, 2 à 3,5 mètres de profondeur, où le corps était déposé enveloppé dans une natte ou dans un cercueil (Woolley 1982, 54). Les cercueils étaient fabriqués en bois, en vannerie, et même en argile (Woolley 1982, 54). Bien que la plupart des tombeaux ne soient pas très sophistiqués comparées à ceux d'Égypte, le fait qu'ils existent semble indiquer une croyance en l'au-delà, mais Woolley a souligné que rien n'a jamais été découvert dans les tombes qui pourrait corroborer une telle hypothèse. Ainsi, aucun symbole ou ornement religieux n'a été trouvé dans les tombes et aucun objet de luxe n'y a été déposé, qui pourrait être emporté lors d'un voyage vers l'au-delà (Woolley 1982, 55). Cependant, deux aspects des tombes d'Ur semblent indiquer de manière convaincante une croyance en la vie après la mort.

Le premier élément des sépultures d'Ur qui semble indiquer une croyance plus développée dans l'au-delà est la façon élaborée dont certaines tombes ont été construites. Beaucoup étaient en pierre ou en briques cuites. Bien que la plupart d'entre elles ne comportent qu'une seule chambre funéraire, certaines, probablement destinées aux nobles, en comportaient plusieurs (Woolley 1982, 60). On peut à nouveau se référer à l'Égypte antique pour mieux comprendre la relation entre tombeaux et croyance en l'au-delà. En général, dans l'Égypte ancienne, plus le tombeau était grand, plus la personne était importante, car la chambre devait non seulement abriter le corps, mais aussi tous les objets de luxe nécessaires pour l'au-delà. Malgré quelques similitudes dans la taille des tombes d'Ur avec celles des Égyptiens, les similitudes semblent s'arrêter là, car aucune tombe à Ur n'avait d'inscriptions sur ses murs, peu d'objets luxueux y ont été découverts, et il n'y a aucun signe que les habitants de la cité pratiquaient la momification. Par contre, les archéologues ont découvert un certain nombre de dépouilles qui ont permis de mettre en évidence un second aspect des tombes, susceptible de fournir des détails supplémentaires sur les croyances des habitants d'Ur en ce qui concerne la vie après la mort.

L'aspect le plus fascinant, quoique macabre, de la nécropole d'Ur est sans doute l'existence de sacrifices humains. Dans ses fouilles, Woolley a découvert de nombreuses dépouilles dans certains tombeaux, ce qu'il a attribué à une sorte de rituel dans lequel les nobles emportaient leurs domestiques avec eux après leur mort (Woolley 1982, 60). Woolley a souligné que le nombre de domestiques sacrifiés variait d'un tombeau à l'autre - d'une demi-douzaine à quatre-vingts - et que leur présence, ainsi que le comblement du puits funéraire, était le témoin d'un rituel religieux élaboré (Woolley 1982, 60). Il n'existe aucune preuve que des enfants aient été sacrifiés ou que des femmes aient suivi leur mari décédé comme dans l'ancien rituel indien du *sati* (Woolley 1982, 90). La plupart des victimes sacrifiées semblent avoir été des servantes dans le cas des femmes, ou des gardes armés quand les hommes pouvaient être identifiés (Woolley 1982, 91). Quelques objets, tels que des lyres ou des harpes, ont été découverts dans les tombes, mais comme indiqué plus haut, les sépultures d'Ur sont assez vides comparées à celles de leurs contemporains égyptiens. Comme il s'agissait de tombes de nobles, la nature austère de ces tombes ne peut être attribuée à l'absence de richesse matérielle. Bien sûr, le pillage des tombes, qui était assez courant dans l'Égypte ancienne, peut être une des raisons pour lesquelles les tombes d'Ur semblent très spartiates, mais ce ne sont que de simples suppositions. Mais l'un des tombaux les mieux conservés d'Ur appartenait à une femme, qui s'appelait la reine Puabi.

Parmi toutes les tombes anonymes de la nécropole d'Ur, l'une d'entre elles s'est distinguée, car la personne qui y repose a été identifié grâce à certains objets retrouvés. La tombe, désignée par les archéologues comme la tombe PG 800, appartenait à une femme portant le nom de Reine Puabi qui a vécu au troisième millénaire avant notre ère (Miller 2013, 127). Le nom de la reine est connu grâce à trois sceaux gravés découverts dans la chambre qui portent son nom, accompagné du titre sumérien *nin*, qui est généralement considéré comme l'équivalent féminin de *lugal* utilisé à Ur à l'époque pour désigner le souverain (Woolley 1982, 88-89). D'autres noms ont été relevés dans le tombeau de la reine, ainsi que dans une autre tombe royale à Ur, mais ces individus n'ont pas pu être identifiés avec certitude (Woolley 1982, 89). Le tombeau de la reine Puabi offre aux chercheurs une pléthore de témoignages archéologiques passionnants, mais il n'aide guère à résoudre le mystère de la conception mésopotamienne de l'au-delà… Mais peut-être que le silence des tombes d'Ur en dit plus long que ce que l'on croit.

En effet, la présence d'inscriptions dans les tombes d'Ur était en fait assez rare, comme mentionné précédemment ; aucune inscription ne figure sur aucune des parois des tombeaux, mais cette absence doit être examinée dans son contexte historique. De manière générale, tout au long de l'histoire, les mythes ont été transmis oralement pendant des siècles avant d'être consignés par écrit (Vansina 1985, 118). Dans le cas d'Ur, et de la Mésopotamie dans son ensemble, le plus grand exemple de mythe est bien sûr *L'Épopée de Gilgamesh*, qui aurait été mis par écrit pour la première fois au troisième millénaire avant notre ère (Sandars 1972, 7), ou à peu près à l'époque de la reine Puabi. Il se peut donc qu'à cette époque, l'écriture à Ur, du moins en termes de mythe et de rituel, n'ait pas encore pénétré dans les tombes. Cependant, il faut souligner que les rituels mythiques et religieux n'étaient pas nécessairement les mêmes dans l'ancien Proche-Orient. Bien qu'il y ait eu une superposition considérable, comme on peut le voir dans les rituels égyptiens antiques sur le passage dans l'au-delà qui eux avaient des corollaires dans le mythe. Dans le cas de l'antique Ur, *L'épopée de Gilgamesh* fournit aux chercheurs le meilleur exemple de mythologie primitive, mais, comme nous l'avons noté plus haut, elle manque de rituels et semble aller à l'encontre d'une croyance mésopotamienne dans l'au-delà. Il convient également de préciser qu'aucune copie de Gilgamesh n'a été découverte dans les tombes d'Ur, ce qui là encore, pourrait indiquer une croyance dans l'au-delà. Bien que *Gilgamesh* et d'autres récits sumériens relèvent clairement du mythe et non du rituel, certains chercheurs pensent qu'une enquête plus approfondie pourrait aider à mieux comprendre la signification religieuse de la nécropole d'Ur.

Un passage en particulier tiré du livre offre une vision de l'au-delà à travers Enkidu, l'ami de Gilgamesh, qui offre un aperçu possible de ce que les occupants des tombeaux d'Ur attendaient de la vie après la mort. On peut lire dans cet extrait : « Il y a la maison où les gens sont assis dans l'obscurité ; la poussière est leur nourriture et l'argile leur viande. Ils sont habillés comme des oiseaux avec des ailes pour se couvrir, ils ne voient pas la lumière, ils sont assis dans l'obscurité. Je suis entré dans la maison de poussière et j'ai vu les rois de la terre, leurs couronnes rangées pour toujours ; les souverains et les princes, tous ceux qui portaient autrefois des couronnes royales et qui dirigeaient le monde autrefois. Ceux qui se tenaient à la place des dieux comme Anu et Enlil, se retrouvaient maintenant à la place des serviteurs, ils allaient chercher de la viande cuite dans la maison de poussière, ils portaient de la viande cuite et de l'eau froide dans des outres. Dans la maison de poussière où j'entrai, il y avait de grands prêtres et leurs acolytes, des prêtres de l'incantation et de l'extase ; il y avait des serviteurs du temple, et il y avait Etana, ce roi de Kish que l'aigle a porté au ciel autrefois. Je vis aussi Samuqan, le dieu du bétail, et il y avait Ereshkigal, la reine des Enfers ; et Belit-Sheri accroupie devant elle, la femme qui tient le registre des dieux et le livre de la mort. Elle avait une tablette sur laquelle elle lisait. Elle a levé la tête, elle m'a vu et a dit : " Qui a amené celui-là ici ? "» (Sandars 1971, 92).

L'Enfer mésopotamien ne semble pas être un endroit très accueillant ; le fait qu'il soit décrit comme un endroit sombre et malpropre évoque beaucoup une tombe, ce qui n'est peut-être pas une coïncidence. La nécropole d'Ur a certainement été une grande découverte dont les secrets pourraient être révélés un jour, mais pour l'instant, les chercheurs se trouvent malheureusement dans l'impasse en ce qui concerne son importance rituelle et religieuse. Par ailleurs, les fouilles d'Ur ont mis au jour une autre institution religieuse de tout premier plan qui, heureusement, est mieux connue.

En effet, dans l'ancien Proche-Orient, la religion était une affaire complexe où des centaines, voire des milliers, de dieux et de déesses étaient recensés et vénérés par un groupe de personnes. Beaucoup de ces divinités n'avaient que de très peu d'adeptes, mais les plus importantes étaient célébrées par des prêtres et des prêtresses qui détenaient parfois un grand pouvoir. À Ur, la plus importante de toutes les divinités était le couple divin de Nanna et Ningal. Nanna était le dieu sumérien de la Lune, qui devint plus tard plus connu sous son nom sémitique de Sin, et son épouse divine était Ningal. Selon la mythologie sumérienne, leur progéniture la plus notable était le dieu soleil Utu, plus connu sous le nom sémitique de Shamash, qui a épousé la déesse mésopotamienne de l'amour et de la guerre, Ishtar (Sandars

Gubba,

Son argent (et) son lapis-lazuli sont transportés dans de grands bateaux...

Sur Hursagkalamma, la maison de Kish, une main malveillante

A été placée...

Devant Enlil, une complainte s'est élevée dans sa ville, le sanctuaire

Nippur . . .

Girsu, la cité des héros, est devenue une

ville de lâches

Oh Enki, ta ville a été maudite, elle est maintenant

en territoire ennemi,

Pourquoi nous comptez-vous parmi ceux qui ont été

déplacé d'Eridu . . .

En bas, les Élamites apprécient ceux qui font naître le

Malheur, ils brandissent leurs armes,

En haut, comme de la balle emportée par le vent, la

Steppe . . .

Ur, le grand bœuf sauvage qui (autrefois) s'avançait

En toute confiance (au combat), s'est prosternée. » (Pritchard 1992, 612-19)

Peu de spécialistes aujourd'hui, voire même aucun d'entre eux, n'affirmeraient que les dieux sumériens ont joué un rôle direct dans le déclin d'Ur, mais on peut logiquement supposer qu'avec tous ses autres problèmes, l'absence générale de sentiment religieux dans la ville a contribué à un malaise culturel global. Une fois que les habitants d'Ur ont cessé de se préoccuper de leur religion, ils ont également arrêté de se soucier de leurs dirigeants, du gouvernement et des autres traditions culturelles, ce qui a finalement permis aux envahisseurs étrangers d'envahir facilement la cité.

Après que les Élamites eurent envahi et saccagé Ur, ils capturèrent Ibbi-Sin et ramenèrent le malheureux roi au pays d'Élam. Les Élamites ont ensuite occupé Ur pendant presque sept ans, jusqu'à ce qu'un roi de la ville d'Isin nommé Ishbi-Erra (vers 2017-1985 avant notre ère) ne chasse les intrus (Van de Mieroop 2007, 84). La Mésopotamie est alors revenue à une situation politique très similaire à celle qui prévalait avant l'avènement de la troisième dynastie - une fragmentation et des cités-États concurrentes (Kuhrt 2010, 1:74). Au nombre des villes qui ont pris du pouvoir pendant cette période figurent Babylone, Mari, Isin et Larsa ; Ur a certes survécu, mais son pouvoir politique a en grande partie disparu. L'âge d'or de l'hégémonie d'Ur sur la Mésopotamie était révolu, mais son influence culturelle et politique a par contre perduré.

Selon la liste des rois sumériens, Ishbi-Erra, le roi d'Isin qui a chassé les Élamites d'Ur, avait commencé sa carrière politique en tant que fonctionnaire sous le règne du dernier roi d'Ur III, Ibbi-Sin (Kuhrt 2010, 1:76). Bien qu'Ishbi-Erra ait gouverné son royaume depuis Isin et soit reconnu par les spécialistes comme le premier roi de la dynastie Isin, et donc distinct d'Ur III, il a appliqué un programme de continuité culturelle qui reliait Isin à Ur. Ainsi, il a conservé de nombreux titres royaux et épithètes utilisés par les rois d'Ur III, tels que « Roi des quatre coins de l'univers » et il a été le mécène du *giparu* (Kuhrt 2010, 1:76). Concernant le *giparu*, après qu'Ishbi-Erra se soit établi comme roi d'Isin et ait pris le contrôle d'Ur, il a maintenu la fille d'Ibbi-Sin comme prêtresse *entu* jusqu'à sa mort, et il a par la suite perpétué la tradition en y installant sa propre fille (Kuhrt 2010, 1:76). Malgré le patronage d'Ishbi-Erra pour les institutions religieuses d'Ur et son utilisation de l'idéologie royale de la ville, les rois suivants d'Isin ont commencé à ignorer Ur et Isin elle-même a finalement été dépassée par la cité de Larsa. Même si les événements semblent prendre une tournure défavorable à ce moment là, le rôle important d'Ur en Mésopotamie n'était pas terminé...

Chapitre 7 : La Renaissance d'Ur sous les Kassites et les Babyloniens

Même si la cité de Larsa a été le vainqueur immédiat de sa lutte avec Isin pour le contrôle du sud de la Mésopotamie, c'est Babylone qui a finalement emporté la plus grande partie du butin. Durant cette période, que les spécialistes désignent comme la première dynastie de Babylone, parfois aussi appelée dynastie Amorrite, Babylone est devenue une métropole de renommée mondiale sous la domination de souverains tels que Hammurabi (vers 1792-1750), connu pour sa conquête violente de la majeure partie de la Mésopotamie et pour son code juridique éponyme (Van de Mieroop 2007, 111-15). Les principaux rois de Babylone ont alors réservé l'essentiel de leurs travaux de construction à leur cité et Ur a été une fois de plus reléguée au second plan, une situation qui s'est encore aggravée lorsque la Mésopotamie est entrée dans une période sombre de son histoire vers 1590 avant notre ère, et qui a duré environ cent ans (Van de Mieroop 2007, 122-23). Pendant l'âge sombre mésopotamien, Babylone a subi d'importants dommages, mais lorsque le brouillard s'est enfin dissipé, elle était gouvernée par une nouvelle dynastie, les Kassites, qui a perpétué de nombreuses traditions mésopotamiennes, dont à nouveau un regain d'intérêt pour Ur.

L'histoire de la Mésopotamie est faite de rivalités entre les villes et les dynasties, qui, comme le montre la destruction d'Ur par les Élamites, étaient souvent violentes. Cependant, les multiples ethnies de Mésopotamie vénéraient souvent les mêmes divinités et les rois conquérants respectaient généralement les temples et les institutions religieuses de la ville prise. Les temples qui avaient été détruits étaient souvent reconstruits et ceux qui étaient encore debout se voyaient souvent dotés de nouvelles extensions. Lorsque les Kassites ont pris le contrôle de Babylone, ils se sont efforcés de se présenter comme des souverains babyloniens légitimes en prenant des mesures fortes comme la restitution de la statue du dieu Marduk à son temple dans la ville (Kuhrt 2010, 1:338) et l'utilisation des langues sumérienne et akkadienne pour les documents religieux et administratifs (Kuhrt 2010, 1:339). Et les Kassites se sont également intéressés de très près aux institutions sacrées d'Ur.

Vers 1400 avant notre ère, le roi Kassite-Babylonien Kurigalzu I s'est lancé dans un vaste programme de reconstruction des sanctuaires religieux d'Ur (Weadock 1975, 111). La raison précise de cette initiative reste inconnue, faute de sources écrites détaillant les travaux, mais elle s'inscrit dans le cadre des efforts de légitimation politique entrepris par les autres Kassites à Babylone. L'aspect intéressant des mesures prises par Kurigalzu à Ur est par contre le caractère apparemment laïc de la démarche (Clayden 1995, 63). Ainsi, le *giparu*, qui jouait un rôle tellement important sous la IIIe dynastie, a été reconduit en quartier résidentiel et ne faisait plus partie du temple de Ningal (Clayden 1995, 63). Le temple de ce dernier a été déplacé vers la terrasse de la ziggourat, loin du *giparu*, ce qui indique un affaiblissement du pouvoir des prêtresses *entu*, mais pas nécessairement d'Ur. Après la refondation du temple de Ningal par les rois Kassites, les dynasties qui ont suivi n'ont pas fait grand-chose pour entretenir le temple ni pour soutenir son culte, si bien que le complexe est tombé en décrépitude et l'office des *entu* a disparu jusqu'au septième siècle avant notre ère (Clayden 1995, 63).

L'un des aspects les plus impressionnants des Kassites a été leur capacité à maintenir leur domination sur la Mésopotamie et à perdurer comme aucune autre dynastie n'a pu le faire avant eux. Les Kassites ont régné sur la région entre 1530 et 1155 avant notre ère environ, ce qui en fait certainement l'une des plus longues dynasties de l'ancien Proche-Orient (Kuhrt 2010, 1:335). La prise de contrôle d'Ur par les Kassites s'est produite lorsque les rois de Babylone été occupés à rivaliser avec ceux d'Egypte, de Hatti et d'Assyrie, pour mettre la main sur leurs territoires voisins de moindre importance. Les grandes puissances évitaient généralement les confrontations directes et préféraient la diplomatie pour régler leurs différends (Kuhrt 2010, 1:339). Mais un grand bouleversement aura lieu au XIIe siècle avant notre ère. En effet, les Assyriens, qui étaient devenus la puissance dominante en Mésopotamie, étaient très belliqueux. Ils ont ainsi détruit et conquis de nombreuses villes de l'ancien Proche-Orient et Ur, qui était déjà très ancienne lorsqu'ils sont arrivés au pouvoir, faisait partie de leurs plans impériaux.

Chapitre 8 : Les Assyriens et Ur

Bien qu'Ur soit distante de l'Assyrie, qui se trouve au nord près de la source du Tigre, elle était encore une ville symbolique importante de la région lorsque les Assyriens ont commencé leur conquête de la Mésopotamie au XIIe siècle. Bien qu'étant un peuple particulièrement guerrier, les Assyriens étaient également lettrés et doués pour écrire l'histoire. C'est sous le règne du roi assyrien Tiglath-Pileser Ier (1114-1076 environ) que les Assyriens ont commencé à consigner leurs expéditions militaires, leurs parties de chasse royales et leurs projets de construction dans des annales chronologiques détaillées (Van de Mieroop 2007, 180). Ces annales étaient de nature plutôt religieuse, car elles se voulaient être des lettres des rois adressées à leurs dieux (Speiser 1983, 66), mais on peut en tirer de nombreuses informations géographiques et historiques si l'on parvient à dissocier le mythe de la réalité historique. Ainsi, lorsque Tiglath-Pileser I a commencé à noter ses exploits en faveur de ses dieux, la ville d'Ur figurait parmi celles qu'il contrôlait. Les annales le précisent : « Arpadda, Haurâni...——ta——, Dinanu, [Kaprabi,] cités de Bit-Adinia, Ta—ri ... . . . Hrumu, Anlama-, Urrus, Ur. » (Luckenbill, 1:294). Cette évocation de la ville démontre que, même si Ur a été de nouveau reléguée à l'arrière-plan, elle a tout de même conservé un peu de son lustre, du moins suffisamment pour que le puissant roi assyrien la mentionne parmi ses conquêtes.

Ur a occupé une place plus marquée dans les annales des derniers rois assyriens et dans leurs projets de construction. Sargon II (721-705 av. J.-C.) mentionne Ur dans plusieurs annales comme l'une des cités qu'il a « rétablies » après avoir restitué ses statues sacrées - désignées simplement par le vocable « dieux » dans les textes - qui avaient été dérobées par les conquérants précédents. Le texte stipule : « Les peuples de Sippar, Nippur, Babylone, Borsippa, qui étaient emprisonnés dans cette ville sans avoir commis aucune faute, - j'ai rompu leurs liens et je les ai conduits jusqu'à la lumière (du jour). Leurs champs, dont les Sutû s'étaient emparés depuis des jours, pendant l'anarchie dans le pays, je leur ai rendu. Les Sutû, les gens du désert, je les ai abattus avec mon épée. Leurs frontières, qui avaient été empiétées, je les ai ramenées à leurs anciennes limites. L'indépendance d'Ur, Erech, Eridu, Larsa, Kisik et Nimid-Laguda, je l'ai rétablie, et j'ai ramené leurs dieux faits prisonniers dans leurs cités d'origine. Leurs revenus, qui avaient cessé, je les ai restaurés. » (Luckenbill, 2:20-1)

Une autre annale du règne de Sargon II mentionne également Ur comme l'une des cités de l'Empire assyrien, mais souligne que le roi assyrien a dû « faire taire » son peuple, ce qui témoigne d'une probable rébellion. Le texte déclare : « J'ai entrepris la (ré)habilitation de Sippar, Nippur, Babylone et Borsippa, j'ai compensé les pertes des clients, tout ce qu'il y avait, et remis au travail Der, Ur, Uruk, Eridu, Larsa, Kullab, Kissik et Nimid-Laguda, j'ai fait taire leur peuple. J'ai restauré la liberté d'Assur et d'Harran, qui avait été négligée depuis des temps lointains, et leur clientèle, qui avait cessée. » (Luckenbill, 2:101)

La rébellion sous-entendue dans le texte est par ailleurs confirmée par un autre écrit du règne du roi assyrien Sennachérib (704-681 avant notre ère). Sennachérib a poursuivi le même programme de conquêtes violentes que celles de Sargon II, mais les annales qu'il a laissées sont plus révélatrices de la situation politique. Parmi ses chronique, on trouve notamment la description détaillée d'une guerre qu'il a menée contre le roi de Babylone et ses alliés, dont Ur. On peut y lire : « Au début de mon règne, lorsque j'ai pris solennellement place sur le trône et que j'ai gouverné les habitants de l'Assyrie avec miséricorde et grâce, Merodach-Baladan, roi de Babylone, instigateur de la révolte, conspirateur de la rébellion, artisan du mal, dont la culpabilité est lourde, a fait venir à ses côtés Shutur-Nahundu, l'Élamite, et lui a donné de l'or, de l'argent et des pierres précieuses, et a fait de lui un allié. Imbappa, *turtan* (général) du roi d'Élam, Tannânu, le second, 10 commandants (de division), ainsi que Nergal-nâsir, le Sutû, qui ne craignait pas la bataille, 80 000 archers, ... leurs chevaux, qu'il envoya à Sumer et Akkad (Babylonie) pour lui venir en aide. Et que [Merodach-Baladan], les cités de... Ur, Eridu, Kullab, Kissik, Nimid-Laguda, les terres de Bit-Iakin, Bit-Amukkâni, Bit-Salli, Bit-Dakkuri, tous les Chaldéens... ... tout Babylone, il les rassembla pour le combat. » (Luckenbill, 2:128-9)

Représentation de Sennachérib dans son palais

Bien que l'on sache que Sennachérib a réussi à reconquérir la plus grande partie de la Mésopotamie, on ne sait pas quelles répercussions, si tant est qu'il y en ait eu, il a eu sur Ur. On ignore pour l'instant si Sennachérib a ordonné la destruction totale d'Ur, comme le veut la coutume assyrienne à l'égard de ceux qui leur résistaient, mais on sait que l'un de ses successeurs a consacré des ressources considérables à la cité mésopotamienne du sud.

En effet, les Assyriens étaient réputés pour être particulièrement cruels envers les cités et les peuples qui leur résistaient, déplaçant souvent des populations entières vers les confins les plus reculés de leur empire. Le déplacement forcé des populations rebelles a eu lieu après que la puissante armée assyrienne ait détruit la ou les villes en question, en rasant ses édifices et en confisquant les statues sacrées de ses dieux et déesses les plus emblématiques. Ashurbanipal (668-627 av. notre ère), qui fut l'un des derniers rois de la dynastie néo-assyrienne, est aujourd'hui considéré comme l'un des rois ayant le plus souvent utilisé ces méthodes brutales, comparé à ses prédécesseurs. Assurbanipal a anéanti de nombreuses villes mésopotamiennes ainsi que d'autres au Levant et en Égypte, ce qui l'a certainement rendu beaucoup plus prolifique en termes de destruction que ses ancêtres, mais certains indices révèlent aussi qu'il s'est intéressé à Ur…

Si les rois assyriens ont surtout fait référence à Ur dans un contexte de conquêtes ou de rébellions, Ashurbanipal quant à lui a évoqué l'antique cité dans un texte religieux où il cherchait visiblement à plaire à ses dieux. Le texte affirme : « Les grands dieux en leur conseil ont décrété (pour moi) un destin favorable, et m'ont accordé (un esprit ouvert). Ils m'ont donné accès à tout l'art du scribe. Dans l'assemblée des princes [ils ont magnifié] mon nom, ils ont rendu mon règne puissant. Ils m'ont accordé la force, la virilité, un immense pouvoir ; ils ont mis entre mes mains les terres insoumises. Ils m'ont fait accéder au sacerdoce [que je désirais]. Les offrandes que j'ai apportées étaient agréables [aux dieux]. Les sanctuaires des grands dieux, mes seigneurs [que j'ai restauré] avec de l'or et de l' [argent]. Des colosses, des représentations d'aigles et de majestueuses colonnes que j'ai installées à leurs portes. [Esharra], Emashmash, le temple de la Dame du pays..., [que j'ai rendu splendide] comme l' [écriture céleste.] La Dame... du pays... d'Ur. » (Luckenbill, 2:323-24)

Le texte fait clairement référence aux améliorations apportées par Assurbanipal à Ur, ce qui indiquerait que la ville était encore stratégiquement importante au VIIe siècle avant notre ère. Les travaux archéologiques effectués à Ur par Woolley, et étudiés par la suite par d'autres chercheurs, semblent corroborer les affirmations d'Assurbanipal.

Comme indiqué précédemment, le *giparu* d'Ur a connu plusieurs changements au cours des différentes dynasties, il a été construit, reconstruit, agrandi et déplacé à plusieurs reprises. La signification du *giparu* et des prêtresses *entu* qui y servaient variait selon les dynasties, mais toutes considéraient l'institution et les divinités Nanna et Ningal comme des piliers religieux et politiques majeurs d'Ur. Le gouverneur assyrien Sin-balassu-iqbi, qui a servi sous Ashurbanipal, a rebâti le *giparu* près de son emplacement d'origine vers 650 avant notre ère, mais n'a pas rétabli l'office de la prêtresse *entu* (Weadock 1975, 112). On ne sait pas pourquoi Ashurbanipal ne l'a pas fait, mais on peut supposer que le roi, très impliqué dans les conquêtes militaires, qu'il dirigeait personnellement, n'a pas eu le temps d'installer une de ses filles comme le veut la tradition. D'autres éléments mis au jour à Ur et qui peuvent être clairement attribués à la dynastie néo-assyrienne, comme une grande collection de bijoux issus d'un trésor royal (Reade 2001, 178), indiquent qu'Ur possédait un certain niveau de richesse matérielle et une influence probable lors des périodes ultérieures de l'antiquité mésopotamienne. Les découvertes de la période assyrienne démontrent une fois de plus l'importance ininterrompue de la cité, et le dynamisme d'Assurbanipal était en continuité avec celui des dynasties précédentes. Ainsi, après la chute rapide des Assyriens, Ur a continué à attirer les rois et à abriter une population toujours aussi nombreuse.

Chapitre 9 : Ur dans l'Antiquité Tardive

Alors que les dynasties et les peuples s'élevaient puis disparaissaient dans tout le Proche-Orient ancien, Ur restait constante ; même si elle a été détruite par certains envahisseurs et parfois délaissée, elle semblait toujours réapparaître pour inspirer une nouvelle dynastie. Après que les Assyriens aient finalement été évincés de l'échiquier politique et culturel de la Mésopotamie, une nouvelle lignée prit rapidement leur place : la dynastie néo-babylonienne. Comme son nom l'indique, les néo-Babyloniens ont fondé leur domination à partir de Babylone, mais ils restaient des étrangers, car ils appartenaient au groupe sémite des Chaldéens qui ont migré vers la région de Babylone au début du premier millénaire avant notre ère (Kuhrt 2010, 2:275). Le plus célèbre de tous les rois néo-babyloniens était Nabuchodonosor II (604-562 avant notre ère) en raison des nombreuses références qui lui sont faites dans l'Ancien Testament. Mais c'est le dernier roi néo-babylonien, Nabonidus (555-539 avant notre ère), qui a mobilisé beaucoup de moyens pour la préservation d'Ur et de sa culture.

Le règne de Nabonidus est particulièrement bien documenté et plusieurs textes décrivent l'ascension du roi puis sa chute aux mains des Perses achéménides. Selon certains de ces écrits, Ur faisait partie d'un certain nombre d'autres villes du sud de la Mésopotamie qui étaient tombées en ruine et en décadence, et que le roi a personnellement rétablies. On peut lire dans le texte : « Mais les citoyens de Babylone, Borsippa, Nippur, Ur, Uruk (et) Larsa, les administrateurs (et) les habitants des centres urbains de Babylone ont mal agi, ont été négligents et ont même péché contre sa grande puissance divine, n'ayant pas (encore) vécu la terrible colère du Croissant Divin, le roi de tous les dieux ; ils ont fait fi de ses rites et il y eut beaucoup de rumeurs impies et infidèles. Ils se dévoraient les uns les autres comme des chiens, ramenaient parmi eux la maladie et la faim… Dix ans durant, j'ai parcouru ces villes et je ne suis pas revenu dans ma propre cité, Babylone. » (Pritchard 1992, 562)

Représentation de Nabonidus

Le texte semble présenter deux niveaux de lecture différents : il y a tout d'abord l'aspect formel du texte dans lequel les citoyens d'Ur sont accusés d'être les artisans de leur propre perte en raison de leur bêtise - ce qui est assez similaire aux écrits relatant la déchéance de la cité à la fin de la IIIe dynastie - et il y a ensuite la dimension historiographique qui précise que Nabonidus a séjourné dans toutes les villes du sud de la Mésopotamie. On ignore combien de temps Nabonidus a passé à Ur, mais les documents attestent qu'il a fait des efforts, même symboliques, pour consolider son pouvoir dans la cité.

La manœuvre politique la plus notable de Nabonidus à Ur a été de ressusciter l'office de l'*entu*. Comme nous l'avons vu précédemment, les prêtresses *entu* exerçaient un pouvoir considérable à Ur et bien que le *giparu* ait été reconstruit sous le règne d'Assurbanipal, le titre lui-même restait vacant. Dans la plus pure tradition religieuse d'Ur, Nabonidus désigna sa fille, Ennigaldi-Nanna, comme prêtresse en chef (Weadock 1975, 101), ce qui donna sans doute au roi la possibilité d'avoir des informations sur toute la cité. En fait, il semble que le rétablissement par Nabonidus de la fonction de prêtresse *entu* était plus une question pratique qu'un respect profond pour Ur et ses traditions. L'emprise de Nabonidus sur la Mésopotamie était pour le moins fragile, et afin de placer la cité d'Ur, toujours aussi influente, sous son contrôle, il a du conquérir l'une des plus importantes institutions religieuses de la ville. Malgré tous ses efforts, Nabonidus fut évincé du trône par le roi perse achéménide Cyrus, lorsqu'il mena son armée à Babylone. Bien que les Achéménides aient consacré la plupart de leurs ressources aux grandes cités de leur empire, les faits démontrent qu'Ur a pu résister à leur domination.

En effet, les fouilles d'Ur ont révélé que le dernier niveau archéologique des résidences privées peut être daté très précisément de la période perse (Porada 1960, 228). Un certain nombre de pièces de monnaie ont également été découvertes au même niveau, dans ce que l'on pense être un atelier de tailleur de sceaux (Porada 1960, 230). Ces pièces montrent qu'Ur a continué à servir de résidence après la conquête de la Mésopotamie par les Perses, mais elles ne révèlent pas l'importance de la ville pour eux. Les pièces témoignent d'une pléthore d'influences artistiques différentes - grecques, égyptiennes, babyloniennes, assyriennes et perses - et comme la plupart sont datées, cela signifie que l'on peut avancer une date à laquelle Ur a cessé définitivement d'être occupée dans l'histoire. D'après les preuves numismatiques, ainsi que les tablettes disponibles, Ur a probablement été désertée quelque temps après la conquête de la région par Alexandre le Grand, c'est-à-dire vers 331 avant notre ère (Porada 1960, 228)… Après son abandon, il a fallu plus de 2 000 ans pour que les chercheurs et les aventuriers redécouvrent la cité et toutes ses splendeurs. Mais la disparition d'Ur et sa redécouverte contemporaine ne constituent pas le dernier chapitre de la riche histoire de la ville ; en effet, récemment, Ur a lutté pour survivre au milieu de grandes turbulences politiques.

Photographies d'Américains marchant au milieu des ruines d'Ur

Le dernier chapitre de la longue et honorable histoire d'Ur est encore en train de s'écrire, mais en raison de l'instabilité de la région, il reste fragile, à la merci des vents et des caprices de ceux qui se soucient peu des mystères anciens de la ville. Lorsque Saddam Hussein a pris le pouvoir en Irak, il a invité des chercheurs du monde entier à venir dans le pays pour étudier et préserver les monuments antiques de Mésopotamie. À cet égard, on pourrait dire qu'Hussein est un mécène de l'histoire antique mésopotamienne, mais le dictateur a également entraîné la destruction de ces monuments par ses guerres incessantes.

Saddam Hussein a engagé l'Irak dans trois guerres extrêmement coûteuses en termes de vies humaines, d'infrastructures et de destructions, peut-être moins connues, du patrimoine antique du pays. De 1980 à 1988, l'Irak a combattu l'Iran dans une guerre particulièrement brutale et sanglante, puis a été envahi en 1991 lors de l'opération « Tempête du désert », et une nouvelle fois en 2003. Cette dernière guerre, qui a été la plus longue, se poursuit encore aujourd'hui, dans une certaine mesure, avec la lutte contre l'État islamique au nord du pays. Les dégâts infligés aux antiquités du pays ont été minimes pendant la guerre Irak-Iran, mais d'importants vols et pillages de pièces de musée - dont beaucoup provenaient d'Ur - et des attaques indirectes ont touché Ur et d'autres sites anciens durant les guerres de 1991 et 2003 (Schipper 2005, 251).

En effet, l'invasion de l'Irak par une coalition dirigée par les États-Unis en 1991 a peut-être semblé bien organisée dans les images diffusées en direct sur CNN, mais la situation était nettement plus chaotique, surtout pour les antiquités irakiennes ; l'Autorité des antiquités irakiennes a estimé qu'environ 4 000 objets ont été volés dans ses musées (Schipper 2015, 252). Beaucoup de ces pièces se sont retrouvées dans des collections privées en Europe et en Amérique du Nord, apparemment « commandées » par des individus peu scrupuleux avant même le début de l'invasion (Schipper 2005, 252). Pendant le conflit, Ur a été touchée à plusieurs reprises par des missiles et des tirs d'armes à feu ; la Ziggourat a notamment été directement frappée et son mur sud a été criblé d'environ 400 trous d'obus (Schipper 2005, 252-2). Cinq grands cratères de bombe étaient également visibles près de la ziggourat, qui a servi pendant un certain temps de base militaire irakienne (Schipper 2005, 254). Cette pratique, consistant à utiliser un site antique comme base militaire, était connue des Irakiens, qui avaient déjà utilisé le site de Babylone, qui sera par la suite transformé en camp américain après la nouvelle invasion de l'Irak en 2003 (Schipper 2005, 255). Heureusement, la nécropole royale d'Ur n'a pas été touchée par les aléas de la guerre, bien qu'elle soit aussi exposée que la ziggourat (Schipper 2005, 261).

Le plus grand problème auquel Ur a dû faire face à cette période était sans doute le manque de chercheurs qui auraient pu atténuer les dommages causés par la guerre. Entre 1991 et 2003, peu de spécialistes non-irakiens ont visité le pays et ceux qui se sont rendus sur place l'ont fait seulement entre 1999 et 2003 (Schipper 2005, 253). La situation archéologique en Irak en général, et à Ur en particulier, s'est encore détériorée après l'invasion de 2003 (Schipper 2005, 270). Le gouvernement irakien actuel étant à peine en mesure de contenir l'État islamique au nord, l'avenir archéologique d'Ur demeure incertain.

Vue aérienne contemporaine d'ur

Vestiges d'un sol et de murs de l'un des édifices d'Ur

Ressources en ligne

Autres livres sur l'Antiquité par Charles River Editors

Autres livres sur les Sumériens sur Amazon

D'autres livres sur Ur sur Amazon

D'autres livres sur Uruk sur Amazon

Bibliographie

Baker, H.D. "The Urban Landscape in First Millennium BC Babylonia". University of Vienna.

Beaulieu, Paul-Alain (2003). The Pantheon of Uruk During the Neo-Babylonian Period. BRILL. p. 424. ISBN 90-04-13024-1.

Charvát, Petr; Zainab Bahrani; Marc Van de Mieroop (2002). Mesopotamia Before History. London: Routledge. p. 281. ISBN 0-415-25104-4.

Crawford, Harriet E. W. (2004). Sumer and the Sumerians. Cambridge University Press. p. 252. ISBN 0-521-53338-4.

Fassbinder, Jörg W. E.; Becker, Helmut; van Ess, Margarete (2003). "Magnetometry at Uruk (Iraq): the city of king Gilgamesh". Geophysical Research Abstracts. European Geophysical Society. 5 (9152): 1. Bibcode:2003EAEJA.....9152F. Retrieved 2009. Check date values in: |access-date= (help)

Harmansah, Ömür (2007-12-03). "The Archaeology of Mesopotamia: Ceremonial centers, urbanization and state formation in Southern Mesopotamia". Retrieved 2011-08-28.

Oppenheim, A. Leo; Erica Reiner (1977). Ancient Mesopotamia: Portrait of a Dead Civilization. Chicago: University of Chicago Press. p. 445. ISBN 0-226-63187-7

Chisholm, Hugh, ed. (1911). "Erech". Encyclopædia Britannica. 9 (11th ed.). Cambridge University Press. pp. 734–735.

Green, MW (1984). "The Uruk Lament". Journal of the American Oriental Society. 104 (2): 253–279. doi:10.2307/602171. JSTOR 602171.

Kuhrt, Amélie (1995). The Ancient Near East. London: Routledge. p. 782. ISBN 0-415-16763-9.

Liverani, Mario; Zainab Bahrani; Marc Van de Mieroop (2006). Uruk: The First City. London: Equinox Publishing. p. 97. ISBN 1-84553-191-4.

Lloyd, Seton (1955). Foundations in the Dust. New York, New York: Penguin Books. p. 217. ISBN 0-500-05038-4.

Postgate, J.N. (1994). Early Mesopotamia, Society and Economy at the Dawn of History. New York, New York: Routledge Publishing. p. 367. ISBN 0-415-00843-3.

Rothman, Mitchell S. (2001). Uruk, Mesopotamia & Its Neighbors. Santa Fe: School of American Research Press. p. 556. ISBN 1-930618-03-4.

Vos, Howard F. (1977). Archaeology in Bible Lands. Chicago, Illinois: Moody Press. p. 399. ISBN 978-0-8024-0293-6.

Livres gratuits par Charles River Editors

Nous avons de tous nouveaux titres disponibles gratuitement presque tous les jours de la semaine. Pour voir quels sont nos titres actuellement gratuits, cliquez sur ce lien.